会计基础与财务管理研究

田芬 著

湘潭大学出版社
XIANGTAN UNIVERSITY PRESS

图书在版编目（CIP）数据

会计基础与财务管理研究 / 田芬著. -- 湘潭 : 湘潭大学出版社, 2023.6
ISBN 978-7-5687-1169-2

Ⅰ. ①会… Ⅱ. ①田… Ⅲ. ①会计学一研究②财务管理一研究 Ⅳ. ① F230 ② F275

中国国家版本馆 CIP 数据核字 (2023) 第 128222 号

会计基础与财务管理研究

KUAIJI JICHU YU CAIWU GUANLI YANJIU

田芬 著

责任编辑：王亚兰　彭桃艳
封面设计：夏茜旸
出版发行：湘潭大学出版社
社　　址：湖南省湘潭大学工程训练大楼
电　　话：0731-58298960 0731-58298966（传真）
邮　　编：411105
网　　址：http://press.xtu.edu.cn/
印　　刷：长沙印通印刷有限公司
经　　销：湖南省新华书店
开　　本：710 mm×1000 mm 1/16
印　　张：12
字　　数：220 千字
版　　次：2023 年 6 月第 1 版
印　　次：2023 年 6 月第 1 次印刷
书　　号：ISBN 978-7-5687-1169-2
定　　价：68.00 元

PREFACE 前言

会计这门学科具有很强的专业性，随着会计理论的不断发展，目前已经逐步得到完善，同时会计学也具有较强的综合性，在发展过程中逐渐细化并形成了许多分支学科。在我国很多院校中，都对会计学设置了独立的院系，针对会计学内容进行了细化的分类，比如财务管理、审计学等专业。但是针对会计学理论整合、会计学的边界等方面内容，目前进行的研究仍然处于理论层面，并没有形成清晰、统一的认识。

会计和财务管理是企业管理中的两个重要组成部分，对于企业的发展有着重大的影响，二者是紧密相关、相互作用的，会计是对经济业务进行计量和报告，财务管理是在会计基础上，监管资金在经营活动、分配活动和投资活动中的运用情况。在企业稳步、有序的发展中，二者发挥着举足轻重的作用。企业要深刻剖析会计与财务管理相关性问题，并制定相应的对策，以提高其经济效益，并推动其经济效益稳定发展。

本书从学科相关性及内涵性出发，论述了会计学与财务管理的相关知识。本书共七章，首先对会计学的基本理论、目标和对象以及会计的职能和方法做了简要介绍；其次，阐述了会计循环，其中包括会计循环的内涵、会计核算基础以及会计循环的基本内容；再次，分析了内部控制，让读者对会计的内部控制有了全新的认识；然后，对财务管理的基本理论、财务管理的内容以及财务控制进行了深入研究；最后，从多维度阐述了财务分析的实践应用。本书充分反映了会计学与财务管理应用领域的前沿问题，力求让读者充分认识会计学与财务管理研究的重要性和必要性。本书兼具理论与实际应用价值，可供广大财务相关工作者参考和借鉴。

为了提升本书的学术性与严谨性，在撰写过程中，笔者参阅了大量的文献资料，书中大部分内容结合企业进行阐述，引用了诸多专家学者的研究成果，因篇幅有限，不能一一列举，在此一并表示最诚挚的感谢。由于时间仓促，加之笔者水平有限，在撰写过程中难免出现不足的地方，希望各位读者不吝赐教，提出宝贵的意见，以便笔者在今后的学习中加以改进。

田芬

2023 年 5 月

CONTENTS 目　录

第一章　会计学总论

第一节　会计的意义

一、会计的基本概念

会计是人类社会发展到一定历史阶段的产物，是经济管理工作的重要组成部分。它随着生产的发展、经济管理水平的提高和科技的进步，经历了一个从低级到高级、从简单到复杂、从不完善到逐步完善的演进过程。

物质资料的生产是人类社会赖以生存和发展的基础。在生产活动中，为了获得一定的劳动成果，必然要耗费一定的人力、物力、财力。人们一方面关心劳动成果的多少，另一方面也注重劳动耗费的高低。为了力求以较少的劳动消耗，取得尽可能多的劳动成果，人们除了采用先进技术外，还必须加强对生产活动的管理，对生产过程的劳动消耗和劳动成果进行记录和计算，并进行比较分析，以求所得大于所费，不断提高经济效益。

在人类社会处于生产力极其低下、劳动产品只能维持人类生存的情况下，会计只是作为“生产职能的附带部分”，完成简单的记录工作。随着社会经济的不断发展和生产力的不断提高，剩余产品的大量出现，产生了社会分工和私有制，特别是在商品生产和商品交换有了进一步发展以后，会计也逐步从生产职能中分离出来，成为独立的、特殊的、由专门人员从事的职能。在古希腊、巴比伦曾有在树木、石头、黏土版上刻记符号的会计遗迹。我国在伏羲时期，则有“结绳记事”的记载。不过，这种处于萌芽状态的会计，没有统一的计量尺度和记账方法，只是人类的原始计量和记录行为，通常称为“史前会计”。

我国会计历史悠久，源远流长。据《国礼·天官·司会》记载，西周朝廷已设有专门的会计官吏——“司会”，执掌会计事务，“凡上之用，必考于司会”。司会还负责掌管财政，并建立有财物赋税“日成”“月计”“岁会”的报告文书，初步具备了日报、月报、年报等会计报表的作用。这里的“计”是指零星计算，“会”是指总合计算①。而我国古代文献中，最早把“会计”两字连缀使用，则见于《孟子·万章篇》的记载：“孔子尝为季吏，曰‘会计当而已矣’。”在我国奴隶社会和封建社会时期，各级官府为了记录、计算和管理财物赋税，逐步建立和完善了收付式会计，官厅会计就成为我国古代会计的中心。西汉时期采用的“记簿”和“簿书”，一般认为是我国最早的会计账簿。唐朝随着工商业的繁荣和造纸业的发展，官厅会计也从“盘点结算法”发展为采用“入－出＝余”的三柱结算法。宋朝总结并广泛采用的“四柱结算法”，则是我国古代会计的一大杰出成就，使我国的收付记账法得到了进一步完善。“四柱”是指“旧管”“新收”“开除”和“实在”，分别相当于我们今天会计核算中的“期初结存”“本期增加”“本期减少”和“期末结存”。明朝山西商人傅山创建的“龙门账”及其设计的“该＋进＝存＋缴”平衡公式，一般认为是我国最早的复式记账法。“该”“进”“存”“缴”分别相当于我国今天会计核算中的“业主投资和债务”“收入”“财产物资和债权”“支出”。我国明朝开始采用了以货币作为统一量度，及至嘉庆年间（公元1529年）已采用“盘点表”，并规定了年终盘存制度，这是会计核算和管理上的一大进步。清朝民间采用的“三脚账”和“四脚账”，则反映了我国会计从单式记账向复式记账发展的趋势。

随着资本主义生产关系在西方的确立和发展，能明确产权、保护投资人利益的借贷复式记账法应运而生。13—15世纪，意大利的地中海沿岸城市，海上贸易兴盛，促进了银行业的发展。广泛的信用交易，需要详细记录和反映债权、债务关系。为了满足这种需要，在佛罗伦萨、热那亚、威尼斯城市先后出现了借贷复式记账法。1494年，意大利数学家卢卡·巴其阿勒所著《算术、几何及比例概要》一书在威尼斯出版发行，对借贷复式记账法作了系统阐述，并介绍了以日记账、分录记账和总账三种账簿为基础的会计制度，以后相继传至世界各国。由于该书为现代会计的发展奠定了理论基础，卢卡·巴其阿勒被称为“现代会计之父”。

随着商品经济的进一步发展，新技术的广泛运用，生产日益社会化和企业组织的不断发展，会计的目标、内容、方法和技术也随之发生了变化，现代会计逐步形成了以企业为中心的盈利组织会计。第二次世界大战以后，随着国际贸易和经济协作的进一步发展，企业集团、跨国公司大量涌现，经营规模越来越大，会计已成为“国际通用的商业语言”。由于市场竞争的加剧，企业会计对内管理的职能有所扩大。加之数学、生产力经济学、计量经济学等科学成果的渗透和利用，事前核算的导入，致使会计从传统的事后记账、算账和报账扩大到事前预测、参与决策和加强事中控

① 齐平茹．会计学［M］．长春：吉林大学出版社，2003.

制。到20世纪40年代，形成了财务会计和管理会计两个相对独立的体系。会计技术也从手工操作、机械操作逐步向采用计算机处理数据的方向发展。一国乃至国际范围内的公认会计原则逐步形成体系，会计工作日益规范化，从而使会计的发展过程进入到一个比较完善的现代会计阶段。

中华人民共和国成立以来，为了适应社会主义建设的需要，曾建立了与高度集中的计划经济体制相适应的会计模式。随着经济体制改革的深化，1985年5月1日《中华人民共和国会计法》正式施行。为了适应社会主义市场经济的发展和扩大对外开放的需要，1992年11月，财政部制定了《企业财务通则》和《企业会计准则》，并于1993年7月1日起执行。这是适应我国发展社会主义市场经济并与国际惯例接轨的一次重大改革，它建立了反映市场经济发展客观规律的科学的会计体系，标志着我国会计摆脱了传统会计模式的束缚，明确了会计发展的方向。1994年国家对财税制度也进行了根本性的改革，推行以增值税为主体的流转税制度，统一了企业和个人所得税费用，并实行了中央财政与地方财政的分税制，这是建立社会主义市场经济体制，合理税负，公平竞争，并确保国家财税收入的重大举措，对于企业财会制度的深入改革，也有重大影响。

修订后的《中华人民共和国会计法》和财政部颁布的《企业会计制度》及一系列具体准则的实施，标志着我国的会计改革进入了一个全面适应加入世界贸易组织的新阶段。

从会计发展的历史看，经济越发展，会计越重要。生产的发展不仅要求会计进行数量的核算，还要求会计根据数量的变化，加强对生产经营过程的管理。管理的内容和形式则由简单的计量、记录、计算发展为主要通过货币形式进行确认、计量、记录、计算和报告，据以对生产经营过程进行指挥和调节，进而又发展为对生产经营过程的监督和控制。从会计工作的实践可以说明，会计核算与管理是密切联系的。管理需要核算，核算是为了管理，在核算的基础上进行管理，在核算的过程中加强管理。

综上所述，会计是以货币为主要计量单位，以凭证为依据，采用专门的技术方法，对一定主体的经济活动进行全面、综合、连续、系统的核算与监督，并向有关方面提供会计信息的一种经济管理活动。

二、会计研究的意义

（一）核算经济业务，提供财务信息

企业单位发生的能够以价值形式表现的一切经济活动，都要办理会计手续，通

过会计核算，连续、系统、全面地确认、计量、记录、计算和报告，向有关各方及时提供进行正确决策所需要的真实可靠的财务信息。

（二）实行会计监督，维护财经法纪

企业单位的经济活动必须在国家法律和有关财经纪律允许的范围内进行。通过会计工作，可以随时查明各项财产的结存情况，了解财产的保管和使用情况，以加强财产管理的责任制；对于不真实、不合法的收支，财会人员可以拒绝办理或向单位负责人报告，从而有效地保护企业财产的安全，维护财经法纪。

（三）分析财务状况，考核经济效益

通过会计工作提供的会计信息，可以分析企业单位的财产构成、变现能力、偿债能力；可以考核企业资金、成本、利润等财务指标的完成情况，分析升降原因；可以评价企业经济效益和社会效益的高低，并总结经济管理工作中的经验教训，提出改善企业经营管理的意见和措施，以不断提高经济效益。

（四）预测经济前景，参与经营决策

会计信息是企业单位进行经营决策的重要依据。会计机构和会计人员应根据会计提供的信息及其他有关资料，对经济前景进行分析并结合发展规划作出预测，提出方案并参与企业单位的经营决策，以发挥会计工作在指导未来经济活动中的积极作用。

第二节　会计的目标和对象

一、会计目标

会计目标是指通过会计工作而应达到的目的和要求。随着我国经济体制改革的深化，企业所有权和经营权的分离，资金来源渠道多样化，投资主体多元化，对会计工作提出了新的要求。企业作为独立的商品生产经营者，要在市场经济的激烈竞争中求生存、谋发展，同时又要维护投资者和债权人的合法权益。因此，通过会计工作进行加工处理并提供的信息，既要满足企业不断改善经营管理的需要，又要满足投资者和债权人进行决策的需要。

对企业内部来说，会计目标是：通过参与经营决策，协助企业管理当局制定长期计划，指导和控制当期的经营活动。其重点是管好、用好各项资金，确保资本保值增值，并不断提高获利能力和偿债能力。

对投资者和债权人来说，会计目标是：正确反映权益关系，及时为投资者和债权人提供企业财务状况及其变动情况的信息、收益及其分配情况的信息，以保证投资者和债权人能够全面分析、评价和预测企业的资产、权益结构、获利能力、偿债能力，并据以作出信贷和投资决策。

可以看出，通过会计工作为有关各方面提供的符合质量要求的会计信息，主要服务于经营决策。决策本身不是目的，正确的决策是为了提高经济效益。

二、会计对象

会计对象是指会计核算和监督的具体内容。也就是说，凡是特定对象能够以货币表现的经济活动，都是会计核算和监督的内容。以货币表现的经济活动，通常又称为价值运动或资金运动。所谓资金，是财产、物资、权利的货币表现。只有明确了会计的对象，才能进一步理解会计的作用和所要达到的目标，才能正确理解和运用会计采用的专门方法。

资金运动包括各种特定对象的资金投入、资金运用（即资金的循环与周转）和资金退出等过程，而具体到企业、事业、行政单位又有较大差异。即便同样是企业，工业、农业、商业、交通运输业、建筑业及金融业等也均有各自资金运动的特点，其中尤以工业企业最具代表性。下面以工业企业为例，说明企业会计的具体对象。

从工业企业生产经营过程看，以货币形式表现的价值运动首先是生产经营资金的筹集。企业通过不同的渠道，以不同方式筹集的资金，称为资金来源。资金来源按承担企业经营风险责任和享有企业经营收益的权利不同，分为负债（债权人权益）和所有者权益。负债是借入资金来源，企业必须按时还本付息；所有者权益是企业投资者投入的供企业长期使用的资金，属于自有资金来源，投资者享有参与企业利润分配的权利，但当企业资不抵债和发生亏损时，投资者应承担风险。

工业企业生产经营过程中以货币表现的经济活动，除了表现为一定数量的资产、负债、所有者权益的形成及其增减变化外，还表现为费用、收入和利润的形成及其分配过程。费用是一种投入，是资产消耗的货币表现，费用的发生是为了获得收入。以产品销售收入减去为取得收入而发生的各项成本费用后的差额，就是企业在一定时期内获得的利润。

可见，资金运动只是对会计对象的一般描述，比较抽象。工业企业会计对象的具体内容，是企业的资产、负债、所有者权益、收入、费用和利润等会计六要素及其增减变化和结果。会计要素是会计对象具体内容的组成项目。会计要素又是会计主体主要会计报表的基本框架内容，因而又称为会计报表要素。资金运动具有相对静止状态和显著运动状态，其中，资产、负债和所有者权益是企业财务状况的静态表现，也是“资产负债表”的基本要素；收入、费用和利润是企业经营成果的动态表现，也是“利润表”的基本要素。

第三节 会计核算基础和会计信息质量要求

一、会计核算的基本前提

会计核算的基本前提，又称为会计假设，是对会计核算所处的时间、空间范围所作的合理设定。因为这些设定都是以合理推断或人为的规定而作出的，所以也称为会计假设。

会计假设不是毫无根据的虚构设想，而是在长期的会计实践中，人们逐步认识和总结而形成的，是对客观情况合乎事理的推断。会计假设规定了会计核算工作赖以存在的一些基本前提条件，是企业设计和选择会计方法的重要依据。只有规定了这些会计假设，会计核算才能得以正常进行下去。因此，会计假设既是会计核算的基本依据，也是制定会计准则和会计核算制度的重要指导思想。

会计假设通常包括以下四个基本假设：

（一）会计主体

会计主体是指会计工作为之服务的特定单位或组织，它确定了会计核算的空间范围，即在会计核算中，会计确认、计量和记录所加工整理的会计数据均被界定在一个独立核算的经济实体之内。基于这一假设，会计所反映的只能是它所在的特定单位的经济活动，而不包括企业所有者的经济活动和其他单位的经济活动。

一般来讲，凡是独立核算的单位，在会计上都设定为一个会计主体，它包括独立核算的企业及企业内部的独立核算单位。会计只记录本主体的账，只核算和监督本主体所发生的经济业务。只有明确会计主体这一基本前提，才能使会计的核算范围得以清楚，才能够使企业的财务状况、经营成果独立地反映出来，企业的所有者及债权人，以及企业的管理人员和企业会计报表的其他使用者，才有可能从会计记录和会计报表中获得有价值的会计信息，从而作出是否对企业进行投资或改进企业经营管理的决策。

会计主体作为一个经济实体与企业法人主体是不完全相同的。法人是指在政府部门注册登记，有独立的财产、能够承担民事责任的法律实体，它强调企业与各方面的经济法律关系；而会计主体则是按照正确处理所有者与企业的关系，以及正确处理企业内部关系的要求而设立的。尽管所有经营法人都是会计主体，但有些会计主体就不一定是法人。例如：一些企业集团下有很多子公司，这些子公司也都是法人，但出于经营管理的需要，为全面考核和反映集团公司的经营活动和财务成果，就必须将所有的子公司连同母公司作为一个会计主体，编制合并财务报表，以便全面分析和评价整个集团公司的经营情况。

（二）持续经营

持续经营是指在可以预见的未来企业按照既定的经营方针和目标继续经营下去，不会停业，也不会大规模削减业务。会计核算应当以企业持续、正常的生产经营活动为前提。每一个企业从开始营业起，从主观愿望上看，都希望能永远地正常经营下去。但是在市场经济条件下，竞争非常激烈，每个企业都有被淘汰的风险，这是不以人们的意志为转移的。在此情况下，会计应如何进行核算和监督呢？应立足于持续经营还是立足于即将停业清理呢？两者的会计处理方法完全不同。在一般情况下，持续经营的可能性总比停业清理大得多，尤其是现代化大生产和经营客观上要求持续，所以，会计应立足于持续经营。

会计正是在持续经营这一前提条件下，才可能建立起会计确认和计量的原则，使会计方法和程序建立在非清算的基础之上，解决了很多财产计价和收益确认的问题，保持了会计信息处理的一致性和稳定性。

（三）会计分期

持续经营的假定意味着企业经济活动在时间的长河中无休止地运行。那么，在会计实践活动中，会计人员提供的会计信息应从何时开始，又在何时终止？显然，等到企业的经营活动全部结束时再进行盈亏核算和编制财务报表，是不可能的。①因此，会计核算应当划分会计期间，即人为地将持续不断的企业生产经营活动划分为一个个首尾相接、等间距的会计期间，通常为一年，可以是日历年，也可以是营业年。我国规定以日历年作为企业的会计年度，即以公历 1 月 1 日至 12 月 31 日止为一个会计年度。此外，企业还需按半年、季度、月份编制报表，即把半年、季度、月份也作为一种会计期间。

由于会计分期，才产生了当期与其他期间的差别，从而出现权责发生制和收付实现制的区别，才使不同类型的会计主体有了记账的基准，进而产生了应收、应付、递延、预提、待摊等会计处理方法。

（四）货币计量

货币计量是指企业在会计核算过程中采用货币为计量单位，记录、反映企业的

① 韦绪任. 财务管理［M］. 北京：北京理工大学出版社，2018.

经营情况。企业在日常的经营活动中，有大量的错综复杂的经济业务。在企业的整个生产经营活动中所涉及的业务又表现为一定的实物形态，如厂房、机器设备、现金、各种存货等。由于它们的实物形态不同，可采用的计量方式也多种多样。为了全面反映企业的生产经营活动，会计核算客观上需要一种统一的计量单位作为会计核算的计量尺度。因此，会计核算主要以货币作为计量单位，以货币形式来反映企业的生产经营活动的全过程。这就产生了货币计量这一会计核算前提。根据《企业会计准则》的规定，会计核算应以人民币为记账本位币。

在货币计量前提下，企业的会计核算以人民币为记账本位币。业务收支以人民币以外的货币为主的企业，可以选定其中一种货币作为记账本位币，但是编制的财务报告应当折算为人民币。在境外设立的中国企业向国内报送的财务报告，应当折算为人民币。

货币本身也有价值，它是通过货币的购买力或物价水平表现出来的。在市场经济条件下，物价水平总在不断变动，说明币值很不稳定，那么就不可能准确地计量。因此，必须确立币值稳定的前提条件，假设币值在今后基本上是稳定的，不会有大的波动，才能用以计量。

二、会计基础

企业会计的确认、计量和报告应当以权责发生制为基础。权责发生制基础要求，凡是当期已经实现的收入和已经发生或应当负担的费用，无论款项是否收付，都应当作为当期的收入和费用，计入利润表；凡是不属于当期的收入和费用，即使款项已在当期收付，也不应当作为当期的收入和费用。

在实务中，企业交易或者事项的发生时间与相关货币收支时间有时并不完全一致。例如：款项已经收到，但销售并未实现；或者款项已经支付，但并不是为本期生产经营活动而发生的。为了更加真实、公允地反映特定会计期间的财务状况和经营成果，基本准则明确规定，企业在会计确认、计量和报告中应当以权责发生制为基础。

收付实现制是与权责发生制相对应的一种会计基础，它是以收到或支付的现金作为确认收入和费用等的依据。目前，我国的行政单位会计采用收付实现制，事业单位会计除经营业务可以采用权责发生制外，其他大部分业务采用收付实现制。

三、财务报告要素确认、计量的原则

财务报告要素确认、计量的原则主要包括资产、负债、所有者权益、收入、费用与利润的确认与计量原则，有历史成本原则、配比原则、划分收益性支出与资产性支出原则、谨慎性原则、重要性原则和实质重于形式原则。

（一）历史成本原则

历史成本原则也称原始成本原则或实际成本原则，是指企业的各项财产物资应当按照取得或购建时发生的实际成本核算，而不考虑随后市场价格变动的影响。市价变动时，除国家另有规定者外，一律不得调整其账面价值。例如：企业2006年购入一台电子计算机，作为企业的固定资产，当时的购买价格为6 000元，2008年这种计算机的市场价格下降到3 000元，按照历史成本原则，2008年这台计算机的账面原价仍然为6 000元，而不按当时的市价进行调整。

按照历史成本原则作为计价基础有助于各项资产和负债项目确认、计量结果的验证和控制，同时按照历史成本原则核算，也使收入与费用的配比建立在实际交易的基础上，防止企业随意改动资产价格造成经营成果虚假或任意操纵企业的经营收益。

但是，历史成本原则也有其局限性，历史成本原则是在币值基本稳定的前提下采用的，因此，当货币购买力变动和物价上涨时，按历史成本计价就不能准确地反映企业资产的真实价值。在这种情况下，就会削弱会计信息的有用性。因此，在物价变动较大的情况下，可按照国家规定对资产的账面价值进行调整。在一般情况下，如果市价明显低于资产的账面价值，可以通过计提资产减值准备的方法来进行调整。

（二）配比原则

配比原则是指企业一个会计期间内的各项营业收入和与其相关的成本、费用应当在同一个会计期间内入账，以正确确定该会计期间该企业的损益。

配比原则包括收入和费用在因果关系上的配比，也包括收入和费用在时间意义上的配比，即一定会计期间内的收入与费用的配比。因果关系上的配比说明有因果关系的收入项目和费用项目在经济内容上具有必然的因果关系，收入是由于一定费用耗费而产生的，不同收入的取得是由于发生了与之相应的不同费用。如某商店购进彩电120台，每台进价6 000元，支付价款720 000元，当月售出彩电100台，每台售价8 000元，收到价款800 000元。彩电的销售成本与销售收入之间就存在着因果关系。按照配比原则，应按100台的销售成本600 000元与100台的销售收入800 000元进行配比。其余20台的进货成本不应作为当期的销售成本。

时间意义上的配比关系说明某一期间的费用必须与相同受益期的收入相配比，应归本期实现的收入应与本期发生的费用相对应。如果收入要等到未来会计期间才能实现，相关的费用或成本就要分配于未来的实际受益期间。如该商店当月还发生了一些营业费用，包括水电费、营业员工资、办公费等，共计10 000元。这些费用也是为取得 800 000 元的收入而必须支付的，它与当期的销售收入之间就存在着一种时间上的配比关系。不管当期销售多少台彩电，当期发生的营业费用都应作为当期的费用，与当期的销售收入相配比。配比原则与权责发生制原则存在着内在联系，并且最终要受持续经营与会计分期前提的制约。

（三）划分收益性支出与资本性支出原则

划分收益性支出与资本性支出原则要求企业会计在进行支出的确认时，必须将两类性质不同的支出区别开来，以正确计算当期损益。所谓收益性支出是指该项支出的发生是为了取得本期收益，即仅与本期收益的取得有关，必须反映于本期的损益之中。如企业支付的水电费、管理人员的工资、招待费、购买的办公用品、差旅费等都属于收益性支出。资本性支出则是指该项支出的发生，不是仅仅为了本期收益，而是与本期和以后几期的收益有关系。因此，应当在以后逐步分配计入各期的费用。如企业购买的机器设备、房屋等，一方面它们的单位价值都比较高，另一方面它们的使用期限也都比较长。这些资产可以在多个会计期间使用，不仅在本期受益，以后各期也同样受益。对这类支出就不能在购入当期全部作为当期的费用，而应通过折旧的方式分期计入以后各期。

（四）谨慎性原则

谨慎性原则，又称稳健性原则，是指企业进行会计核算时，对于属于估计性质的事项，一定要注意稳妥、谨慎从事，合理核算可能发生的损失和费用，不得多计资产或收益，少计负债或费用。按照这一原则，可使本期可能产生的损失不递延至下期反映，增加下期负担，从而使各期的经营成果更加真实。

谨慎性原则要求体现于会计核算的全过程，包括会计确认、计量、报告等会计核算的各个方面。在会计确认方面，要求确认标准和方法建立在稳妥合理的基础之上；从会计计量来说，要求不得高估资产和利润的数额；从会计报告来说，要求会计报告向会计信息的使用者提供尽可能全面的会计信息，特别是应报告可能发生的风险损失。如对于存货的计价，会计上就采用了成本与市价孰低原则，市价低于成本时，通过计提存货跌价准备的方法，按市价对存货的账面价值进行调整，但当市价高于账面成本时则不调整。另外，对固定资产采用加速折旧、对发出存货采用后进先出法计价都是谨慎性原则的体现。

但是，企业不能漫无边际、任意使用或歪曲使用谨慎性原则，否则将会影响会计核算的客观性，造成会计秩序的混乱。

（五）重要性原则

重要性原则要求企业：在会计确认、计量过程中对交易或事项应当区别其重要程度，采用不同的核算方式。对资产、负债、损益等有较大影响，并进而影响财务会计报告使用者据以作出合理判断的重要会计事项，必须按照规定的会计方法和程序予以处理，并在财务会计报告中予以充分、准确的披露；对于次要的会计事项，在不影响会计信息真实性和不至于误导财务会计报告使用者作出正确判断的前提下，可适当简化处理。坚持会计处理的重要性原则，必须在保证会计报表和会计信息质量的前提下进行，兼顾全面性和重要性。之所以强调重要性原则，在很大程度上是考虑会计信息的效用和核算成本之间的比较。企业的经济业务纷繁复杂，要将所有零散的经济数据全部转化成会计报表中详细罗列的指标，不但没有必要，而且还会冲淡重点，有损于会计信息的使用价值，甚至影响决策。因此，强调重要性原则一方面可以提高核算的效益，减少不必要的工作量；另一方面可以使会计信息分清主次、突出重点。对某项会计事项判断其重要性，在很大程度上取决于会计人员的职业判断。但一般来说，重要性可以从质和量两方面进行判断。从性质方面讲，只要该会计事项发生就可能对决策有重大影响时，则属于具有重要性的事项。从数量方面讲，当某一会计事项的发生达到总资产的一定比例时（如5%），一般认为其具有重要性。判断某一会计事项重要与否，更重要的是应当考虑经济业务的性质。如果特定的经济决策确实需要某一方面的会计资料，即使相应的核算成本很高，在总资产中占的比重很小，也应将其作为重要事项来核算。

（六）实质重于形式原则

实质重于形式原则要求企业应当按照交易或事项的经济实质进行会计确认、计量，而不应当仅仅按照它们的法律形式作为会计确认、计量的依据。在会计确认、计量过程中，可能会碰到一些经济实质与法律形式不吻合的业务或事项，例如：融资租入的固定资产，在租期未满以前，从法律形式上讲，所有权并没有转移给承租人，但是从经济实质上讲，与该项固定资产相关的收益和风险已经转移给承租人，承租人实际上也能行使对该项固定资产的控制权，因此承租人应该将其视同自己的固定资产，一并计提折旧和大修理费用。遵循实质重于形式原则，体现了对经济实质的尊重，能够保证会计确认、计量信息与客观经济事实相符。

四、会计信息质量要求

会计信息质量要求是对企业财务报告中所提供会计信息质量的基本要求，是使财务报告中所提供会计信息对投资者等使用者决策有用应具备的基本特征，它主要包括可靠性、相关性、可理解性、可比性、实质重于形式、重要性、谨慎性和及时性等。

（一）可靠性

可靠性要求企业应当以实际发生的交易或者事项为依据进行确认、计量和报告，如实反映符合确认和计量要求的各项会计要素及其他相关信息，保证会计信息真实可靠、内容完整。

（二）相关性

相关性要求企业提供的会计信息应当与投资者等财务报告使用者的经济决策需要相关，有助于投资者等财务报告使用者对企业过去、现在或者未来的情况作出评价或者预测。

（三）可理解性

可理解性要求企业提供的会计信息应当清晰明了，便于投资者等财务报告使用者理解和使用。

（四）可比性

可比性要求企业提供的会计信息应当相互可比。主要包括两层含义：

1. 同一企业不同时期可比

为了便于投资者等财务报告使用者了解企业财务状况、经营成果和现金流量的变化趋势，比较企业在不同时期的财务报告信息，全面、客观地评价过去、预测未来，从而作出决策。会计信息质量的可比性要求同一企业不同时期发生的相同或者相似的交易或者事项，应当采用一致的会计政策，不得随意变更。但是，满足会计信息可比性要求，并非表明企业不得变更会计政策，如果按照规定或者在会计政策变更后可以提供更可靠、更相关的会计信息的，可以变更会计政策。有关会计政策变更的情况，应当在附注中予以说明。

2. 不同企业相同会计期间可比

为了便于投资者等财务报告使用者评价不同企业的财务状况、经营成果和现金流量及其变动情况，会计信息质量的可比性要求不同企业同一会计期间发生的相同或者相似的交易或者事项，应当采用规定的会计政策，确保会计信息口径一致、相互可比，以使不同企业按照一致的确认、计量和报告要求提供有关会计信息。

（五）实质重于形式

实质重于形式要求企业应当按照交易或者事项的经济实质进行会计确认、计量和报告，不仅仅以交易或者事项的法律形式为依据。

（六）重要性

重要性要求企业提供的会计信息应当反映与企业财务状况、经营成果和现金流量有关的所有重要交易或者事项。

（七）谨慎性

谨慎性要求企业对交易或者事项进行会计确认、计量和报告应当保持应有的谨慎，不应高估资产或者收益、低估负债或者费用。

（八）及时性

及时性要求企业对于已经发生的交易或者事项，应当及时进行确认、计量和报告，不得提前或者延后。

第四节 会计的职能和方法

一、会计的职能

（一）会计的基本职能

会计的职能是指会计在经济管理活动中所具有的功能。会计从复式簿记发展到现代会计，从其在经济管理中的功能来观察，主要有两个基本职能：会计核算和会计监督。

1. 会计核算职能

是指以货币作为统一的计量尺度，对会计主体的经济活动进行确认、计量、记录、计算和报告。其基本程序是：经济业务发生后，取得或填制会计凭证，按审核无误的会计凭证登记账簿，根据账簿资料编制财务会计报告。通过会计核算，可以正确计算和及时提供收入、成本、利润等会计指标，从而为分析、研究和掌握生产经营过程及其资金运动过程的规律提供依据。长期以来，人们把会计核算只理解为对经济活动的事后核算，事实上，从核算的时间看，它既包括事后核算，又包括事前和事中核算。

2. 会计监督职能

是指会计人员在进行会计核算的同时，对企业资金的组织、分配和使用的合法性、合理性和真实性所进行的指导、督促和检查。其基本程序是：确定和掌握标准、检查分析、结果处理。通过监督，可以促使企业自觉地按自然规律、经济规律和法律法规的要求来组织和安排经济活动。

上述两项基本会计职能是相辅相成、辩证统一的。会计核算是会计监督的基础，没有核算所提供的各种信息，监督就失去了依据；而会计监督又是会计核算的质量保障，只有核算没有监督，就难以保证核算所提供信息的真实性、可靠性。在实际工作中，核算和监督是相互交叉和不可分割的。监督职能是会计的重要组成部分，贯穿于核算的全过程。充分发挥会计核算和监督的职能作用是实现会计目标的保证。

（二）会计的其他职能

会计的职能并不是一成不变的。随着生产力水平的日益提高、社会经济关系的日益复杂和管理理论的不断深化，会计所发挥的作用日益重要，其职能也在不断丰富和发展。除上述基本职能外，会计还具有预测经济前景、参与经济决策、评价经营业绩等功能。

二、会计的专门方法

会计的方法是核算和监督会计对象、实现会计目标的手段。会计的方法也是随着经济的发展、管理要求的提高以及科技的进步而不断改进和发展的。

会计是由会计核算、会计分析和会计检查三个部分组成的。会计核算是对经济活动进行记账、算账和报账的过程，是会计工作的基本环节，是会计分析和会计检查的基础；会计分析是根据会计核算提供的会计信息，应用一定的分析方法，对企业的经营过程及经营成果进行定量和定性分析，是会计核算的继续和深化，是会计核算资料的具体运用；会计检查是根据会计核算提供的数据、资料及其他有关资料，对会计工作的正确性，会计资料的真实性、完整性，及单位经济活动的合理性、合法性进行检查，是会计核算和会计分析的必要补充，是保证会计核算资料和会计分析客观、正确的必不可少的步骤。因此，会计的方法包括会计核算的方法、会计分析的方法和会计检查的方法。会计分析的方法和会计检查的方法分别列入《管理会计》《审计学》等有关课程讲解，本书只介绍会计核算工作所运用的一系列手工数据处理的技术方法。

会计核算的专门方法是对已发生的经济活动连续、系统、全面、综合地进行核算和监督而运用的一系列确认、计量、记录、计算和报告的方法。一般包括设置会计科目和账户、填制和审核会计凭证、复式记账、登记账簿、成本计算、财产清查和编制财务会计报告等专门方法。各种会计核算方法相互联系、相互配合，共同构建了一个完整的会计核算方法体系。在这些专门方法中，填制和审核会计凭证是基础环节，登记账簿是中心环节，编制财务会计报告是最终环节。

在实际工作中，会计机构和会计人员通常是根据企业的具体情况，按照统一规定的会计科目开设账户；对日常发生的经济业务事项，要取得或填制会计凭证并经审核无误后运用复式记账法在账簿的有关账户中登记；对生产经营过程中发生的各项费用应区别成本计算对象进行成本计算；期末在财产清查和账目核对相符的基础上，根据账簿记录编制财务会计报告。在会计习惯上，往往将“会计凭证→会计账簿→财务会计报告”的过程称为一个会计循环①。需要注意的是，在实际工作中，这些专门的会计核算方法并不是完全按照固定的顺序来进行的，往往可以交叉使用。

① 张云，仲伟冰．会计学［M］．上海：上海财经大学出版社，2016.

第二章　会计循环

第一节　会计循环概述

一、会计循环的含义

会计循环是企业在经济业务事项发生时，从填制和审核会计凭证开始，到登记账簿，直至编制财务会计报告，即完成一个会计期间会计核算工作的过程。企业将一定时期发生的所有经济业务，依据一定的步骤和方法，加以记录、分类、汇总直至编制会计报表的会计处理全过程称为会计核算程序或账务处理程序。对企业经济交易和事项所进行的会计确认、计量、记录和报告，实际上是一个连续不断、周而复始的过程，企业会计信息的这一处理过程，称为会计循环。

一个完整的会计核算程序，可简单概括为六个阶段，即编制分录、过账、试算平衡、调整、结账和编制报表。在这六个阶段中，编制分录和过账属于日常的会计核算工作，试算平衡、调整、结账和编制报表属于期末的会计核算工作。

编制试算平衡表，进行试算平衡，是为了在计算损益和结账之前，验证分录和过账工作有无错误，同时也为编制会计报表提供方便。所以，一般在结账前应编制试算表进行试算。这种试算表称为结账前试算表。为了防止差错，在期末对账项进行调整并结账后，还需要编制试算表，再一次进行试算，这种试算表称为结账后试算表。

为使账簿记录能正确反映本期的经营成果，结账前还应对跨期收支账项进行分析、整理和修正，这项工作称为调整①。由于调整工作是在期末进行的，故又称为期末账项调整。期末账项调整工作比较复杂，为避免出现差错，将调整分录过入账簿之前，通常应先编制调整工作底稿。

每一会计期间终了，即月末、季末和年末，应该核对账目，在确认账证、账账、

---

① 周亚荣，田娟．会计学［M］．武汉：武汉大学出版社，2017.

账实相符的基础上，进行结账。为保证账实相符，结账前应进行财产清查。结账包括成本的结转和各损益账户的结清，以计算该期间的盈亏，并结出各资产、负债及所有者权益账户的余额，以结转下期作连续记载。

每一会计期间结束后，会计人员应在结账的基础上，根据账簿的记录编制财务报表。企业对外编制的财务报表主要有资产负债表、利润表和现金流量表等会计报表及财务情况说明书。

第二节　账户、复式记账与借贷记账法

一、账户及其结构

企业日常发生的经济业务十分频繁、复杂，而每发生一项经济业务都会引起会计要素的增减变动。为了便于提供日常管理所需要的会计信息，就要对企业发生的经济业务进行整理分类，为此，在会计上就要设置账户。所谓账户，就是根据会计科目的名称设立，具有一定结构，用来分类、连续地记录经济业务，反映会计要素增减变动及其结果的一种工具。如“库存现金”账户、“存货”账户、“固定资产”账户等。账户与会计科目既有联系也有区别，会计科目是账户的名称，账户是根据会计科目设置的。但账户与会计科目反映的经济内容是相同的。

账户之所以能够反映和记录经济业务的发生所引起的会计要素的增减变动，是由于账户具有一定的结构。随着企业单位经济业务的不断发生，会计要素就必然随之发生变化，而且这种变化不管多么错综复杂，从数量上看不外乎增加和减少两种情况。因此，用来积累企业在某一会计期间内各种有关数据的账户，在结构上就应分为两方，即左方和右方。一方登记增加数，另一方登记减少数，至于哪一方登记增加，哪一方登记减少，则由所采用的记账方法和所记录的经济内容而决定，这就是账户的基本结构。这一基本结构，不论企业在实际上所使用的账户的具体格式如何，总是一样的。当然对于一个完整的账户而言，除了必须有反映增加数和减少数两项外，还应该包括其他栏目和内容，一个完整的账户结构应包括以下内容：

（1）账户名称；

（2）登记会计事项的日期；

（3）凭证类型和号数；

（4）摘要；

（5）增减金额及余额。

在一个账户中一般有期初余额、本期增加发生额、本期减少发生额和期末余额等四项金额。一定时期（如一个会计期间）的增加额合计，称为本期增加发生额；一定时期（如一个会计期间）的减少额合计，称为本期减少发生额；本期增加发生额与本期减少发生额相抵后的差额与期初余额的合计，称为期末余额；本期的期末余额转入下期，便是下期的期初余额。这四项金额的关系可以用下列等式表示：

期末余额＝期初余额＋本期增加发生额－本期减少发生额

账户如有期初余额，首先应当在记录增加额的那一方登记，会计事项发生后，要将增减内容记录在相应的栏内。每个账户的本期发生额反映的是该类经济内容在本期内变动的情况，而期末余额则反映变动的结果。

二、复式记账法

复式记账法是对每一项经济业务发生时所引起的会计要素数量增减变化，以相等的金额同时在两个或两个以上相联系的账户中进行全面登记的一种记账方法。其实质是通过两个或两个以上相互对应的账户反映一项经济业务。如企业用银行存款支付水电费 1 000 元，在复式记账法下，一方面要在银行存款账户中登记减少数 1 000 元，另一方面还要在有关费用账户中登记增加数 1 000 元。复式记账法可以全面、系统地反映企业的经济业务，可以更好地反映经济业务的来龙去脉，将账户之间的内在联系有机地联结起来。

复式记账法是由单式记账法演变而来的。所谓单式记账法，是指只对每一项经济业务，一般只在一个账户中进行记录的记账方法。该记账方法除对涉及应收、应付现金的收付业务要在两个或两个以上的账户中登记以外，对于其他经济业务，都只在一个账户中进行登记或不予以登记。对以现金方式或赊购方式购买财物或支付费用的经济业务，只核算现金的减少或债务的增加，而对财物的取得或费用的发生一般不设置账户进行核算。至于财物结存数额，只能从定期的实地盘存得到。经营的损益则由前后两期的财产结存数的比较求得，即期末资产结存大于期初资产结存的数额为利润；反之，则为亏损。随着社会生产力的发展及日趋复杂的经济活动，单式记账法本身存在的会计科目设置不完整、账户记录之间没有相互联系的缺陷便日渐显露，不能全面、系统地反映经济业务的来龙去脉，也不便于检查账户记录是否正确，因此，单式记账法逐渐被复式记账法所取代。

三、借贷记账法

借贷记账法是以借贷为记账符号来记录经济业务的一种复式记账方法。借贷记账法的特点可以归纳为以下几个方面：

（一）借贷记账法的记账符号

按照复式记账法，每一笔经济业务的增减变化都要在两个或两个以上的账户中进行登记，形成账户记录。但是如何将经济业务登记到账户中，采用不同的记账方法，其登记的方式和方法均不相同。复式记账的方法有很多种，如我国采用过的收付记账法、增减记账法等，在账户中的记录方法都不尽相同，但均属于复式记账法。借贷记账法也是一种复式记账法，它产生于13世纪的意大利，开始是单式记账，随着现代经济的发展，逐渐得到充实和完善，形成了具有区别于其他记账方法的显著特征的一种复式记账方法，迄今为止在世界各国被广泛采用。我国于1993年实施的《企业会计准则》也规定了境内所有企业在进行会计核算时，都必须统一采用借贷记账法。

记账符号是一种标记，代表经济业务数量增减变化的方向。借贷记账法的借、贷两字的含义，最初是从借贷资本家的角度来解释的。借贷资本家把从债权人那里收进的存款记在贷主（creditor）的名下，表示自身的债务；借贷资本家支付给债务人的放款记在借主（debtor）的名下，表示自身的债权。此时，借、贷两字表示债权债务的变化。随着社会经济的发展、经济活动的日益复杂以及产业资本和商业资本对借贷记账法的利用，借、贷二字不再局限于货币资金借贷业务的增减变动情况，而逐渐扩展到财产物资和经营损益等经济业务的增减变动情况。这时，借、贷二字就逐渐失去原来的含义，而转化为纯粹的记账符号，用以标明账户记录经济业务数量增减变化的方向，即账户的借方和贷方。

在借贷记账法下，账户的基本结构是：左方为借方，右方为贷方。由于会计内容已经划分为会计要素，并按会计要素的进一步分类设置了会计科目和账户，借贷记账法在登记经济业务数据时，就按经济业务所属的会计要素及其发生的增加金额和减少金额，分别确定其在账户中的记录方向，即：

（1）属于资产要素的增加额记入借方，减少额记入贷方；

（2）属于负债要素的增加额记入贷方，减少额记入借方；

（3）属于所有者权益要素的增加额记入贷方，减少额记入借方。

由于资产在会计等式的左边，其增加额就记在借方，减少额就记在贷方。负债和所有者权益在会计等式的右边，它们的增加额就记在贷方，减少额就记在借方。按此种记录方法登记的结果，既保证了借方等于贷方，也保证了会计等式的平衡。

在扩展会计平衡等式中，收入和费用要素的变动会导致利润要素的变动，利润在未分配前属于所有者权益，收入使所有者权益增加，其增加额就记在贷方，减少额记在借方。费用会使所有者权益减少，其增加额记在借方，减少额就记在贷方。收入、费用和利润要素增减变动登记在账户中的方向是：

（1）属于收入要素的增加额记入贷方，减少额记入借方；

（2）属于费用要素的增加额记入借方，减少额记入贷方；

（3）属于利润要素的增加额记入贷方，减少额记入借方。

在借贷记账法下，账户的借方和贷方都可以登记经济业务发生时会计要素增加和减少的金额。记账时，账户的借贷两方必须作相反方向的记录，即对于每一个账户来说，如果借方用来登记增加额，则贷方就用来登记减少额；如果借方用来登记减少额，则贷方就用来登记增加额。在一个会计期间内，借方登记的合计数称为借方发生额，贷方登记的合计数称为贷方发生额。那么，究竟用哪一方来登记增加额，用哪一方来登记减少额呢？这要根据各个账户所反映的经济内容，也就是它的性质来决定。

一般来说，资产类账户的借方登记资产的增加额，贷方登记资产的减少额。由于资产的减少额不可能大于它的期初余额与本期增加额之和，所以，这类账户期末如有余额，必定在借方。

负债及所有者权益类账户的贷方登记负债及所有者权益的增加额，借方登记负债及所有者权益的减少额，由于负债及所有者权益的增加额与期初余额之和一般情况下要大于本期减少额，所以，这类账户如有余额，必定在贷方。收入类账户的结构与所有者权益类账户的结构基本相同，借方登记收入的减少额，贷方登记收入的增加额，由于本期实现的收入要等于期末全部转出，以便与相配比的费用相抵来确定当期利润或亏损。因此，收入类账户在期末经转销后通常无余额。费用类账户与资产类账户的结构基本相同，借方登记费用的增加额，贷方登记费用的减少额或称转销额，由于与收入相配比的支出要在期末全部转出，以便与收入相抵，因此，费用类账户在期末经转销后通常没有余额。

利润类账户也与负债及所有者权益类账户大致相同，账户的贷方登记利润的增加额，借方登记利润的减少额，期末如有余额一般在贷方。

通过以上的账户结构可以看出，各类账户的期末余额都在记录增加额的一方，即资产类账户的期末余额在借方，负债及所有者权益类账户的期末余额在贷方。

（二）借贷记账法的记账规则

按照复式记账的原理，任何经济业务都要以相等的金额在两个或两个以上相互联系的账户中进行记录。借贷记账法的记账规则是指运用借贷记账法在账户上记录经济业务所引起的会计要素增减变化的规律。那么，如何记录经济业务呢？借贷记账法对于发生的每一笔经济业务，首先，要确定它所涉及的账户并判定其性质；其次，要分析所发生的经济业务使各有关账户的金额增加还是减少；最后，根据账户的基本结构确定其金额应记入所涉及账户的方向。

由于收入类账户和利润类账户与所有者权益类账户的性质相同，而费用是资产的转化形式，费用类账户与资产类账户的性质相同，因此，会计上在划分经济业务的性质时，往往将收入和利润类归入所有者权益，将费用类归入资产。这样经济业务无论怎样复杂，均可概括为以下几种类型：

（1）资产与权益同时增加。如企业收到投资者投入的资本金 50 000 元，存入银行。这笔经济业务涉及“银行存款”和“实收资本”两个账户，一方面“银行存款”为资产类账户，该账户增加 50 000 元，应记入借方；另一方面“实收资本”为所有者权益类账户，该账户也增加 50 000 元，应记入贷方。

（2）资产与权益同时减少。如以银行存款 60 000 元归还银行短期借款。这笔经济业务涉及“银行存款”和“短期借款”两个账户，一方面“银行存款”为资产类账户，该账户减少 60 000 元，应记入贷方；另一方面“短期借款”为负债类账户，该账户减少 60 000 元，应记入借方。

（3）资产内部有增有减。如企业收回前欠的购货款 160 000 元，存入银行。这笔经济业务涉及“银行存款”和“应收账款”两个资产类账户，一方面“银行存款”账户增加 160 000 元，应记入该账户的借方；另一方面“应收账款”账户减少 160 000 元，应记入该账户的贷方。

（4）权益内部有增有减。如企业向银行借入短期借款 90 000 元直接偿还前欠远航公司的货款。这笔经济业务涉及“短期借款”和“应付账款”两个负债类账户，一方面“短期借款”账户增加 90 000 元，应记入该账户的贷方；另一方面“应付账款”账户减少 90 000 元，应记入该账户的借方。

从以上四种经济业务来看，在借贷记账法下，每笔经济业务都是在记入某一个账户借方时，必然还要记入另一个账户的贷方，而且记入借方与记入贷方的金额总是相等的。这就形成了借贷记账法的记账规律或记账规则。可以将其概括为：有借必有贷，借贷必相等。

（三）借贷记账法的试算平衡

为了保证一定时期内所发生的经济业务在账户记录中的正确性，需要在期末对账户记录进行试算平衡。所谓借贷记账法的试算平衡，是指根据会计等式的平衡原理，按照记账规则的要求，通过汇总计算和比较，来检查账户记录的正确性、完整性。

采用借贷记账法，由于对任何经济业务都是按照“有借必有贷，借贷必相等”的记账规则记入各有关账户，所以不仅每一笔会计分录借贷发生额相等，而且当一定会计期间的全部经济业务都记入相关账户后，所有账户的借方发生额合计数必然等于贷方发生额合计数；同时，期末结账后，全部账户借方余额合计数也必然等于贷方余额合计数。其借贷平衡可用下列两个公式（发生额试算平衡和余额试算平衡）表示：

全部账户的借方发生额合计＝全部账户的贷方发生额合计

全部账户期末借方余额合计＝全部账户期末贷方余额合计

试算平衡工作一般是在月末结出各个账户的本月发生额和月末余额后，通过编制总分类账户发生额试算平衡表和总分类账户余额试算平衡表来进行的。

试算平衡只是通过借贷金额是否平衡来检查账户记录是否正确的一种方法，经过试算平衡，如果期初余额、本期发生额和期末余额各栏的借方合计与贷方合计分别相等，则说明账户的记录基本正确；如果借、贷方合计不相等，则说明账户记录有错误，应查明原因并予以更正。但必须指出的是，即使试算平衡表期末余额和本期发生额的借方合计与贷方合计分别相等，也不能说明账户记录是完全正确的。如果将某笔经济业务重记、漏记、多记或少记、借贷方向弄反、应借应贷科目写错，通过试算平衡是不能发现错误的，还必须辅以其他方法进行检查核对。

第三节　账务处理程序

账务处理程序也称会计核算组织程序，是指通过填制会计凭证、登记会计账簿、编制会计报表的方式，将企业发生的全部经济业务转化为会计信息的过程。包括会计凭证和账簿的种类、格式，会计凭证与账簿之间的联系方法，从原始凭证到编制记账凭证、登记明细分类账和总分类账、编制会计报表的工作程序和方法等。

在实际工作中，由于各单位的业务性质不同、经营规模大小不同、经济业务繁简不同，它们所需要设置的会计凭证、会计账簿的种类和格式也不同；各单位的组织结构不同、会计管理的要求不同，导致会计处理的程序和形式不同。各单位应根据各自的实际情况和具体条件，把凭证和账簿合理地组织起来，设计出适合本单位经济业务特点的账务处理程序。

目前，我国企业所采用的账务处理程序主要有记账凭证账务处理程序、科目汇总表账务处理程序和汇总记账凭证账务处理程序等几种。下面简单加以介绍。

一、记账凭证账务处理程序

记账凭证账务处理程序是指对发生的经济业务事项，都要根据原始凭证或汇总原始凭证编制记账凭证，然后直接根据记账凭证逐笔登记总分类账的一种账务处理程序。在此种账务处理程序下，记账凭证可以采用通用格式，也可以分别采用收款凭证、付款凭证、转账凭证三种格式，设置的账簿一般包括现金日记账、银行存款日记账、总分类账和明细分类账。

其中，总分类账应按总账科目设置，总分类账和日记账的格式均可采用三栏式；明细分类账可根据管理的需要设置，采用三栏式、数量金额式或多栏式。记账凭证账务处理程序是会计核算中最基本、最基础的账务处理程序，其他账务处理程序是在这种账务处理程序的基础上发展和演变而形成的。

（一）记账凭证账务处理程序的一般步骤

记账凭证账务处理程序的一般步骤是：

1. 根据原始凭证编制汇总原始凭证；

2. 根据原始凭证或汇总原始凭证编制记账凭证；

3. 根据收款凭证、付款凭证逐笔登记现金日记账和银行存款日记账；

4. 根据原始凭证、汇总原始凭证和记账凭证登记各种明细分类账；

5. 根据记账凭证逐笔登记总分类账；

6. 期末，将现金日记账、银行存款日记账和明细分类账的余额同有关总分类账的余额核对相符；

7. 期末，根据总分类账和明细分类账的记录，编制会计报表。

（二）记账凭证账务处理程序的优缺点和适用范围

记账凭证账务处理程序的优点是简单明了，易于理解，总分类账可以较详细地反映经济业务的发生情况，其缺点是登记总分类账的工作量较大。该账务处理程序适用于规模较小、经济业务量较少的单位。在经济业务量较多的单位中，若采用记账凭证账务处理程序，为了简化编制记账凭证的过程和减少登记总分类账的工作量，应尽量将内容相同的原始凭证先汇总编制成汇总原始凭证，再根据汇总原始凭证填制记账凭证。

二、科目汇总表账务处理程序

科目汇总表账务处理程序又称记账凭证汇总表账务处理程序，它是根据记账凭证定期编制科目汇总表，再根据科目汇总表登记总分类账的一种账务处理程序。其主要特点是定期将所有记账凭证汇总编制成科目汇总表，然后根据科目汇总表汇总登记总分类账。由于总分类账是根据科目汇总表登记的，故被称为科目汇总表账务处理程序。采用科目汇总表账务处理程序，所需设置的账簿的种类和格式与记账凭证账务处理程序下的基本相同。在记账凭证的设置上，一般也应设置收款凭证、付款凭证和转账凭证，但为了便于相同账户的归类汇总，避免出现差错，要求所有记账凭证中的科目对应关系只能是一个借方科目与一个贷方科目相对应，即每一张记账凭证中只能编制简单会计分录，转账凭证最好复写一式两份，以便分别用来归类汇总借方科目和贷方科目的本期发生额，或者所有记账凭证采用单式记账凭证格式。在这种账务处理程序下，由于科目汇总表不反映各个科目的对应关系，因而总分类账可采用不设立“对方科目”栏的借、贷、余三栏式账页。总分类账可以根据每次汇总编制的科目汇总表，随时进行登记。在科目汇总表账务处理程序下，也可以在月末根据科目汇总表的借方发生额和贷方发生额的全月合计数一次登记。

（一）科目汇总表的编制方法

科目汇总表的编制方法是：根据一定时间内的全部记账凭证，按照相同的会计科目归类，定期（如 5 天或 10 天）汇总出每一个会计科目的借方本期发生额和贷方本期发生额并填写在科目汇总表的相关栏内。科目汇总表中“库存现金”“银行存款”科目的借方本期发生额和贷方本期发生额，也可以直接根据现金日记账和银行存款日记账的收入合计与支出合计填列，而不再根据收款凭证和付款凭证归类汇总填列。科目汇总表可以每汇总一次编制一张，也可以按旬汇总一次，每月编制一张。任何格式的科目汇总表，都只反映各个会计科目的借方本期发生额和贷方本期发生额，不反映各个会计科目的对应关系。

（二）科目汇总表账务处理程序的一般步骤

科目汇总表账务处理程序的一般步骤是：

1. 根据原始凭证编制汇总原始凭证；
2. 根据原始凭证或汇总原始凭证编制记账凭证；
3. 根据收款凭证、付款凭证逐笔登记现金日记账和银行存款日记账；
4. 根据原始凭证、汇总原始凭证和记账凭证登记各种明细分类账；
5. 根据各种记账凭证编制科目汇总表；
6. 根据科目汇总表登记总分类账；
7. 期末，将现金日记账、银行存款日记账和明细分类账的余额同有关总分类账的余额核对相符；

8. 期末，根据总分类账和明细分类账的记录，编制会计报表。

（三）科目汇总表账务处理程序的优缺点和适用范围

科目汇总表账务处理程序的优点是：科目汇总表的编制和使用较为简便，易学易做，根据科目汇总表一次或分次登记总分类账，可以大大减少登记总分类账的工作量，而且科目汇总表还可以起到试算平衡的作用，从而保证总账登记的正确性。缺点是：科目汇总表和总分类账不反映各科目的对应关系，因而不便于根据账簿记录进行检查和分析经济业务的来龙去脉，不便于查对账目。因此，这种账务处理程序一般适用于经济业务量较多的单位。

应当注意的是：科目汇总表虽然也是经过汇总编制而成的，但与汇总记账凭证的汇总方法有所不同，科目汇总表是按各个会计科目的发生额分别进行汇总的。汇总所得到的结果也有所不同，形成的是一张表格，而不再是三种汇总的记账凭证。编制科目汇总表的作用是可以对总分类账进行汇总登记。根据科目汇总表登记总分类账时，只需要将科目汇总表中有关各科目的本期借、贷方发生额合计数分次或月末一次记入相应总分类账的借方或贷方即可。另外，采用科目汇总表时，凭证的编号方法也有一定变化，应以“科汇字第×号”字样按月连续编号。

笔者在本章的第四节将会按科目汇总表账务处理程序阐述会计循环的基本内容。

三、汇总记账凭证账务处理程序

汇总记账凭证账务处理程序是根据原始凭证或汇总原始凭证编制记账凭证，定期根据记账凭证分类编制汇总收款凭证、汇总付款凭证和汇总转账凭证，再根据汇总记账凭证登记总分类账的一种账务处理程序。汇总记账凭证账务处理程序的主要特点是：根据记账凭证定期（如 5 天或 10 天）编制汇总记账凭证，然后再根据汇总记账凭证登记总分类账。由于总分类账是根据汇总记账凭证登记的，因此这种账务处理程序叫做汇总记账凭证账务处理程序。在汇总记账凭证账务处理程序下，记账凭证除要分别设置收款凭证、付款凭证和转账凭证外，还要分别设置汇总收款凭证、汇总付款凭证和汇总转账凭证。设置的账簿主要有现金日记账、银行存款日记账、总分类账和各种明细分类账。日记账和明细分类账的格式与记账凭证账务处理程序下的格式基本相同；总分类账应采用在借、贷两栏内设有“对方科目”专栏的三栏式，以便清晰地反映科目之间的对应关系。

（一）汇总记账凭证的编制方法

汇总记账凭证不同于科目汇总表，它按每个科目设置，并按科目一方（借方或贷方）的对应科目进行汇总。汇总记账凭证分为汇总收款凭证、汇总付款凭证和汇总转账凭证三种格式。现分别说明其编制方法以及根据汇总记账凭证登记总分类账的方法。

1. 汇总收款凭证的编制。汇总收款凭证按库存现金科目、银行存款科目的借方分别设置，定期（如 5 天或 10 天）将这一期间内的全部库存现金收款凭证、银行存款收款凭证分别按与设置科目相对应的贷方科目加以归类、汇总填列一次，每月编制一张。月终时，结算出汇总收款凭证的合计数，据以登记总分类账。登记总分类账时，根据汇总收款凭证上的合计数，记入“库存现金”或“银行存款”总分类账户的借方，根据汇总收款凭证上各贷方发生额的合计数分别记入有关总分类账户的贷方。

2. 汇总付款凭证的编制。汇总付款凭证按库存现金科目、银行存款科目的贷方分别设置，定期（如 5 天或 10 天）将这一期间内的全部库存现金付款凭证、银行存款付款凭证分别按与设置科目相对应的借方科目加以归类、汇总填列一次，每月编制一张。月终时，结算出汇总付款凭证上的合计数，据以登记总分类账。登记总分类账时，根据汇总付款凭证上的合计数，分别记入“库存现金”“银行存款”总分类账户的贷方，根据汇总付款凭证上各借方科目的合计数记入相应总分类账户的借方。

3. 汇总转账凭证的编制。汇总转账凭证通常按每一科目的贷方分别设置，定期（如 5 天或 10 天）将这一期间内的全部转账凭证，按与设置科目相对应的借方科目加以归类、汇总填列一次，每月编制一张。月终时，结算出汇总转账凭证的合计数，据以登记总分类账。登记总分类账时，应根据汇总转账凭证的合计数，记入汇总转账凭证所列贷方科目相应的总分类账户的贷方，并分别记入汇总转账凭证中各借方科目相应的总分类账户的借方。由于汇总转账凭证上的科目对应关系是一个贷方科目与一个或几个借方科目相对应，因此，为了便于编制汇总转账凭证，要求所有的转账凭证应按一个贷方科目与一个或几个借方科目的对应关系来填制，不应填制一个借方科目与几个贷方科目相对应的转账凭证。应当指出的是，如果在月份内某一贷方科目的转账凭证不多，也可以不编制汇总转账凭证，直接根据转账凭证登记总分类账。

（二）汇总记账凭证账务处理程序的一般步骤

汇总记账凭证账务处理程序的一般步骤是：

1. 根据原始凭证编制汇总原始凭证；

2. 根据原始凭证或汇总原始凭证编制收款凭证、付款凭证和转账凭证，也可以采用通用的记账凭证；

3. 根据收款凭证、付款凭证逐笔登记现金日记账和银行存款日记账；

4. 根据原始凭证、汇总原始凭证和记账凭证登记各种明细分类账；

5. 根据各种记账凭证编制有关汇总记账凭证；

6. 根据各种汇总记账凭证登记总分类账；

7. 期末，将现金日记账、银行存款日记账和明细分类账的余额同有关总分类账的余额核对相符；

8. 期末，根据总分类账和明细分类账的记录，编制会计报表。

（三）汇总记账凭证账务处理程序的优缺点和适用范围

汇总记账凭证账务处理程序的优点是：根据汇总记账凭证月终一次登记总分类账，可以克服记账凭证账务处理程序登记总分类账工作量过大的缺点，这就大大减少了登记总分类账的工作量。由于汇总记账凭证是根据许多记账凭证按照会计科目的对应关系进行归类、汇总编制的，在总分类账中也注明了对方科目，因而在汇总记账凭证和总分类账中，可以清晰地反映科目之间的对应关系，便于查对和分析账目，从而克服科目汇总表账务处理程序存在的缺点。其缺点是：按每一贷方科目编制汇总转账凭证，不利于会计核算的日常分工，当转账凭证较多时，编制汇总转账凭证的工作量较大。该账务处理程序适用于生产经营规模较大、经济业务量较多的单位。

各账务处理程序的区别主要在于登记总分类账的程序和方法不同；与此相适应，登记总分类账的依据和总分类账的格式也不同。

第四节　会计循环的基本内容

尽管各企业发生的经济业务存在着差异，但每个企业的会计循环的基本程序却是大致相同的。通常包括以下九个步骤，其具体内容如下：

一、收集已发生经济业务的数据

对于企业日常经济活动中发生的每一项经济业务，都应及时填制或取得原始凭证，并在审核无误的基础上，分析经济业务的发生对会计要素所产生的影响。

二、根据原始凭证编制记账凭证

根据原始凭证所反映的经济业务内容及其影响，按借贷记账法的原理，确定应借、应贷的会计科目及金额，并据以编制记账凭证，为经济业务的后续记录提供依据。

三、根据记账凭证登记有关账簿

根据记账凭证中所确定的会计科目名称、借贷方向和金额，将每一项经济业务分别记入相关的总分类账、明细分类账或日记账之中（即过账）。

四、编制调整前试算平衡表

将企业日常发生的所有经济业务全部记入相关的账簿之后，应编制账户本期发生额和余额试算平衡表，以检查和确定账簿记录是否正确无误。该试算平衡表的编制是在账项调整之前进行的，故又称为调整前试算平衡表。经过试算平衡，如发现记账错误，应根据错误的类型采用规定的错账更正方法进行更正，以确保账簿记录准确无误。

五、编制调整分录进行账项调整并过入相关账户

在会计期末，应根据权责发生制和配比原则的要求，编制调整分录，将属于本期但尚未记录的收入、费用调整入账，以正确地反映本期的经营成果和期末的财务状况。

六、编制调整后试算平衡表

为检查和确定账项调整是否正确，可以编制试算平衡表进行试算平衡，对发现的错误应及时进行更正。该试算平衡表的编制是在账项调整之后进行的，故又称为调整后试算平衡表。

七、编制结账分录并过入相关账户，结清有关账户

编制结账分录的目的是将各收入、费用账户的临时性余额转入“本年利润”账户。过账后，各收入、费用账户不再留有余额，“本年利润”账户为本年实现的利润总额（或发生的亏损总额）。在年末时将“本年利润”账户的余额转入“利润分配”账户后，“本年利润”账户年末不再有余额。收入和费用账户通常按月编制结账分录，利润账户的结账分录则按年编制。

八、结账并编制结账后试算平衡表

在完成前述各步工作的基础上，结出各有关账户的期末余额，并编制账户余额试算平衡表，以检查账簿记录的正确性。

九、编制会计报表

经过账项调整，影响企业当期经营成果和期末财务状况的所有经济业务都已记入有关账簿之中。这时，就可以根据各账户的余额或发生额编制各种会计报表，以总括地反映企业的财务状况、经营成果和现金流量等。

以上九个步骤是会计循环的基本程序及内容，但需要说明的是会计循环各步骤工作的先后顺序和内容并不是绝对不变的。如编制会计报表可安排在结账并编制结账后试算平衡表之前进行；结账可作为会计循环的最后一项工作进行；第七步、第八步和第九步三项工作也可合并，通过编制工作底稿来完成，等等。

第三章　内部控制

第一节　内部控制概述

内部控制是在一定的环境下，单位为了提高经营效益，充分有效地获得和使用各种资源，达到既定管理目标，而在单位内部实施的各种制约和调节的组织、计划和方法。内部控制作为会计学与财务管理的一个重要分支，在会计系统中扮演着重要的角色，强化企业内部控制，有利于保证企业掌握更准确可靠的财务信息，更有利于降低企业运营成本。内部控制在企业财务管理工作中的有效实施是保证企业可持续发展的重要措施。

一、内部控制的产生及发展

内部控制作为一种管理思想和实践活动，在古埃及、古罗马的国库管理和中国西周时代的预算管理中就已存在，早期表现为内部牵制，其基本内容为：授权控制；分工控制；业务记录控制；财产安全控制；书面文件控制；人员素质控制。到目前为止，内部控制的发展主要经历了内部牵制、内部控制制度、内部控制结构、内部控制整体框架和风险管理框架五个发展阶段。

（一）内部牵制阶段

从原始的组织诞生开始，直至 20 世纪 40 年代，内部控制的发展基本停留在内部牵制阶段。1912 年，蒙哥马利在其出版的《审计——理论与实践》一书中指出，所谓内部牵制是指一个人不能完全支配账户，另一个人也不能独立地加以控制的制度。这一阶段的内部控制主要注重职责的分工和业务流程及其记录上的交叉控制。内部牵制主要通过人员配备和职责划分、业务流程、簿记系统等来完成。其目的主要是查询组织内部的错误和防止舞弊，通过保护组织财产的安全来保障组织运转的有效性。

（二）内部控制制度阶段

20 世纪 40 — 70 年代，内部控制的发展进入了内部控制制度阶段。这一阶段将内部控制明确区分为内部会计控制和内部管理控制，主要通过形成和推行一整套内部控制制度来实施控制。内部控制的目标除了保护组织财产的安全之外，还包括要增进会计信息的可靠性。

（三）内部控制结构阶段

20 世纪 80 年代至 90 年代初，内部控制的发展进入内部控制结构阶段。1988 年 4 月，美国注册会计师协会发布《审计准则公告第 55 号》，首次将“内部控制结构”一词取代原有的“内部控制”一词。将内部控制结构定义为：“为合理保证企业特定目标的实现而建立的各种政策和程序”，并且明确了内部控制的基本结构主要包括三部分：控制环境、会计制度和控制程序。

内部控制结构概念的提出，实现了内部控制由零散到系统的转变，适应了当时经济形势发展和企业经营管理的需要，得到了会计界和审计界的认可。

（四）内部控制整体框架阶段

20 世纪 90 年代，内部控制的发展进入内部控制整体框架阶段。1992 年，美国反虚假财务报告委员会下属的发起组织委员会（COSO 委员会）发布专题报告《内部控制——整体框架》，认为内部控制整体框架主要由控制环境、风险评估、控制活动、信息与沟通、监督五项要素构成。内部控制整体框架五要素的提出，在一定程度上突破了以往内部控制仅仅从会计、审计角度研究的狭隘性，明确了企业对内部控制的责任，强调了内部控制的对象是企业运行过程中的所有要素。内部控制的好坏取决于制定并执行政策和程序的人的素质与观念，内部控制是一个过程，本身不是目的，是实现组织目标的一种手段和工具。

（五）全面风险管理框架阶段

自 1992 年美国 COSO 委员会发布《内部控制——整体框架》以来，该内部控制框架已经被世界上许多企业所采用，但理论界和实务界纷纷对内部控制框架提出一些改进建议，强调内部控制框架的建立应与企业的风险管理相结合。2004 年，COSO 委员会在广泛听取各方意见后，发布了《企业风险管理——总体框架》。全面风险管理框架拓展了内部控制框架的内容和范围，在内部控制框架五要素的基础上，增加了“目标制定”“事项识别”和“风险反应”三个要素，更广泛地关注了企业风险管理这一领域。

二、内部控制的定义

最早界定内部控制的是美国注册会计师协会，其将内部控制定义为：“内部控制，是指企业为了保证财产的安全完整，检查会计资料的准确性和可靠性，提高企业的经营效率以及促进企业贯彻既定的经营方针，所涉及的总体规划及所采用的与总体规划相适应的一切方法和措施。”1994 年，美国 COSO 委员会在《内部控制——整体框架》专题报告中提出了新的内部控制概念，将内部控制定义为“内部控制是受企业董事会、管理层和其他人员影响，旨在为实现财务报告的可靠性、提高经营的效率和效果和遵循相关的法规等目标而提供合理保证的过程”。我国《企业内部控制基本规范》指出：“内部控制是由企业董事会、监事会、经理层和全体员工实施的、旨在实现控制目标的过程。内部控制的目标是合理保证企业经营管理合法合规、资产安全、财务报告及相关信息真实完整，提高经营效率和效果，促进企业实现发展战略。”

综合以上对内部控制定义的描述，可以从以下几方面来理解内部控制：

第一，内部控制是一个“过程”，而且是一个动态的过程。企业的经营活动是永不停止的，企业的内部控制过程也因此不会停止，它是一个发现问题、解决问题、发现新问题、解决新问题的循环往复的过程。内部控制应该与企业的经营管理过程相结合，而不是凌驾于企业的基本活动之上，它促使经营达到预期的效果，并监督企业经营过程的持续有效进行。

第二，内部控制受到“人”的因素的影响，它并不仅仅是政策手册和表格，不仅仅是管理人员或董事会，而是组织中的每一个人，每一个人都对内部控制负有责任并受到内部控制的影响，是“人”建立企业的目标，并将控制机制赋予实施。确立这种观念有利于企业的所有员工明确自己的责任和权限，主动地维护及改善企业的内部控制。

第三，内部控制无论设计和运行得多么完善，也只能为企业的管理层和董事会提供合理的保证，而不是绝对保证，因为内部控制本身具有局限性。

第四，从内部控制目标的实现来看，实现内部控制目标的手段是设计和执行控制政策和程序。

三、内部控制的分类

（一）按照内部控制的主要内容分类

按照内部控制的主要内容分类，内部控制可以分为内部会计控制和内部管理控制。

1. 内部会计控制

内部会计控制是指与保护财产物资的安全性、会计信息的真实性和完整性以及财务活动的合法性和有效性有关的控制。内部会计控制由一系列具体的控制环节和控制措施组成，一般来说包括授权和批准控制、分工控制、会计系统控制、对资产的实物控制等，其目的主要在于保护资产的安全、完整和会计信息的真实、可靠。例如：由无权经管现金和签发支票的员工每月编制银行存款调节表，就是一种内部会计控制，通过这种控制，可提高现金交易的会计业务、会计记录和会计报表的可靠性。

2. 内部管理控制

内部管理控制是指那些对会计业务、会计记录和会计报表的可靠性没有直接影响的内部控制。例如：企业单位的内部人事管理、技术管理等，就属于内部管理控制。内部管理控制范围涉及企业生产、技术、经营、管理的各部门、各层次、各环节，其目的是提高企业管理水平，确保企业经营目标和有关方针、政策的贯彻执行。

内部管理控制一般包括统计分析、工时和操作的研究、业绩报告、雇员的培训计划和质量控制等控制手段。

（二）按照内部控制的功能分类

按照内部控制的功能分类，内部控制可以分为预防性控制、检查性控制、纠正性控制和指导性控制。

1. 预防性控制

预防性控制是指为了防止错误和舞弊的发生而采取的控制，因而是一种事前控制。例如：对客户的信用进行评估以减少坏账的发生、采用招标方式来选择理想的供应商等。预防性控制能够在事前预防损失的发生，降低风险，但是由于受风险识别、成本等因素的制约，全面地采用预防性控制是相当困难的，因此还必须采用其他手段进行控制。

2. 检查性控制

检查性控制是指将已经发生或存在的错误检查出来，它是一种事中控制。例如：编制银行存款余额调节表来核对有关银行存款的记录，对完工产品进行质量检验等。在缺乏完善的、可行的预防性控制措施的情况下，检查性控制是一种很有效的监督工具。由于交易的可验证性，检查性控制的成本有可能低于预防性控制的成本。

3. 纠正性控制

纠正性控制是对那些由检查性控制查出来的问题实施的控制。例如：向计算机输入购货业务单据时，计算机中的检查修改程序不仅可以自动检查出输入有误的供应商代码，还能够读出与该代码相应的供应商名称，并从供应商的主文件中提取出与该名称相匹配的正确代码，用这一正确代码替代原有输入有误的代码。一般而言，纠正性控制是与检查性控制紧密联系在一起的，它可以及时改正已发现的问题。

4. 指导性控制

与前三种控制类型不同，指导性控制不是为了预防、检查和纠正有误的结果，而是为了实现有利的结果而采取的控制。例如：公司总经理指导公司各个区域经理雇佣当地的劳动力从事生产经营活动，这不仅融洽了公司和当地的关系，还有利于树立公司良好的形象。

第二节　内部控制的要素和原则

一、内部控制的要素

内部控制主要包括内部环境、风险评估、控制活动、信息与沟通、内部监督五个要素。

（一）内部环境

内部环境是指内部控制所处的环境，一般包括治理结构、机构设置及权责分配、内部审计、人力资源政策、企业文化等。内部环境决定了整个公司的内部控制基调和氛围，直接影响企业员工的控制意识，良好的内部环境是有效实施内部控制的基础。例如：企业要求员工不允许从供应商那里获得超过一定金额的礼品，超过部分都必须报告和退回，同时要求企业高管人员身体力行、起带头表率作用，这实际上是企业对诚信和道德价值观念的营造，有利于企业形成诚实守信、合乎道德的文化。

内部环境案例：美国世界通信公司曾是美国排名第 25 的大公司，更是通信业的第二大巨头，却利用会计造假虚构了近 110 亿美元的利润，创造了美国资本市场有史以来规模最大的财务舞弊事件。2003 年，世界通信公司宣告破产。世界通信公司治理机制的不完善，内部控制受到极大的忽视，是造成世界通信公司财务舞弊的最主要原因。从内部环境来看，世界通信公司倡导的是激进主义主导的管理风格和企业文化。世界通信公司董事长埃贝斯一手创造了公司的辉煌，是公司顶级元老。公司董事会虽然对公司业绩和大规模的并购决策比较关心，但是这些董事一方面出于对埃伯斯能力的信任，另一方面董事会成员在世界通信公司中收益颇为丰厚，因此他们基本听命于埃贝斯，极少怀疑其决策；而公司的普通职员没有机会了解埃贝斯为公司所做的具体事情和他管理公司事务的方式，但是他们相信世界通信公司在不断成长，相信他为此付出的努力。这样，一方面，可能是鉴于埃贝斯的个人能力和人格魅力；另一方面，也鉴于人们对其能力的无限认可与信任，在世界通信的董事会和各级管理部门中，无形中产生了一个以其个人处事方式为基础、受其意志支配的管理风格，以及相应的企业文化。

在这种企业文化的影响下，经过20世纪90年代中期世界通信公司董事会及下属各委员会的“放权”以及埃贝斯和世界通信公司的财务总监沙利文（埃贝斯的得力助手）的“集权”，世界通信公司以人为中心的管理方式逐渐占据了优势地位，而包括董事会在内的权力部门对公司并购和财务报告等重大事务的知情权和实质控制权被悄悄地转移到了集权者手中。

世界通信公司形成以激进主义为主导的管理风格和企业文化，无情地摧毁了公司的内部环境，动摇了公司财务报告的诚信原则。埃贝斯渴望由他领航的世界通信公司早日坐上美国电信业的头把交椅，而沙利文坚信通过“各式会计手法进行必要的数据变造”是完成这一目标的捷径。世界通信公司这两至关重要人物的错误信奉，交织成了世界通信公司财务舞弊的根源，也注定了世界通信公司将不可避免地卷入一场财务舞弊的浩劫之中。

（二）风险评估

风险评估，是指在风险识别和估计的基础上，系统分析经营活动中与实现内部控制目标相关的风险，合理确定风险应对策略。每个企业都面临着诸多来自内部和外部的风险，例如：监管及经营环境的变化、业务的快速发展、新技术的运用、新员工的加入、海外经营等。[①] 很多风险并不为企业所控制，因此必须设立一个机制来识别、分析和管理影响企业目标实现的相关风险，并适时加以管理。

企业应当开展风险评估，识别与控制目标相关的内部风险和外部风险，确定企业风险承受能力。企业应当采用定性与定量相结合的方法，按照风险发生的可能性及其影响程度，对识别的风险进行分析和排序，确定关注重点和优先控制的风险。企业还应组成风险分析团队，对风险进行分析，结合风险承受能力，权衡风险和收益，确定风险应对策略。

（三）信息与沟通

信息与沟通是企业及时、准确地收集、处理、传递与内部控制相关的信息，确保信息在企业内部、企业与外部之间进行有效沟通。企业获取的信息不仅包括企业内部产生的信息，还包括与企业经营决策和对外报告相关的外部信息。企业可以通

① 王培，高祥，郑楠．财务管理［M］．北京：北京理工大学出版社，2018.

过财务会计资料、经营管理资料、调研报告、专项信息、内部刊物、办公网络等渠道，获取内部信息；通过行业协会组织、社会中介机构、业务往来单位、市场调查、来信来访、网络媒体以及有关监管部门等渠道，获取外部信息。畅通的沟通渠道和机制能使企业的员工及时取得他们在执行、管理和控制企业经营过程中所需的信息，通过这些信息有利于其有效地履行职责。

（四）控制活动

控制活动，是指企业根据风险应对策略，采用相应的控制措施，将风险控制在可承受之内，是实施内部控制的具体方式。一般包括不相容职务分离控制、授权审批控制、会计系统控制、财产保护控制、预算控制、运营分析控制和绩效考评控制等。

（五）内部监督

内部监督是企业对内部控制建立与实施情况进行监督检查，评价内部控制的有效性，对于发现的内部控制缺陷及时加以改进。在企业内部设立审计委员会、内部审计部门，是加强内部监督的有效管理方法。

内部监督分为日常监督和专项监督。日常监督是指企业对建立与实施内部控制的情况进行常规、持续的监督检查；专项监督是指在企业发展战略、组织结构、业务流程、关键岗位员工等发生较大调整或变化的情况下，对内部控制的某一方面或者某些方面进行有针对性的监督检查。

内部控制五要素既相对独立又相互联系，形成一个有机整体。企业的核心是人，人的诚信、道德价值观和胜任能力构成了企业内部环境的重要组成部分，这是企业发展的基础。每个企业都有自己的发展目标，为了目标的实现，必须分析影响因素，即进行风险评估。针对风险评估的结果需要采取相应的控制活动来控制和减少风险。同时与内部环境、风险评估和内控活动相关的信息应及时被获取、加工整理，并在企业内部传递，这就是信息与沟通，信息与沟通系统围绕在内控活动周围，反映企业各项管理活动的运转情况。为了保证内控体系的正常运转，还需要对整个内控过程进行监督。

内部控制五要素之间的配合与联系，使其组成了一个完整的系统，可以灵活地随条件变化而变化。但各要素之间并不是一项要素影响下一项要素的顺序过程，任一要素都可以影响其他要素，例如：对风险的评估不仅仅影响控制活动，还可能影响信息和沟通、监督行为等。

二、内部控制的局限性

无论内部控制设计和执行得多好，它也只能提供合理的保证，这是因为内部控制具有固有的局限性。内部控制的局限性具体表现在：

（一）判断失误

内部控制的设计和修改是人为的，人在做出判断的时候难以避免存在主观性，也有可能存在失误甚至错误。任何“完美”的内部控制系统，都会因设计者的经验和知识水平的限制而带有缺陷。

（二）执行偏差

内部控制也可能因执行人员的粗心大意、精力分散、判断失误以及对指令的误解等而失效。例如：发货时没有索要提货单，对方发票上的总金额有误而未被发现，签发支票时未审查其用途等，都会使内部控制系统失效。

（三）管理层的越权

内控制度是企业最重要的管理工具，但任何内部控制最终都是靠人来执行的。单位或部门的经理、高层管理人员等会出于各种目的不遵守既定的制度，凌驾于内部控制之上。

（四）合伙同谋

两个人或更多人的合伙同谋行为，会使不同职务相互制约的作用丧失，从而导致内部控制的失效。

三、内部控制的基本原则

企业建立与实施内部控制，应当遵循下列原则：

（一）全面性原则

内部控制应当贯穿于决策、执行和监督的全过程，覆盖企业各种业务和事项。实现全过程、全员性控制，不存在内部控制空白点。

（二）重要性原则

内部控制应当在全面控制的基础上，关注重要业务事项和高风险领域，并采取更为严格的控制措施，确保不存在重大缺陷。重要性原则的运用需要一定的职业判断，企业应当根据所处行业特点和经营特点，从业务事项的性质和涉及金额两方面来考虑是否实施内部控制以及如何实行重点控制。

（三）制衡性原则

内部控制应当在治理结构、机构设置及权责分配、业务流程等方面形成相互制约、相互监督，同时兼顾运营效率。制衡性原则要求企业完成某项工作必须经过互不隶属的两个或两个以上的岗位和环节，同时，还要求履行内部控制监督职责的机构或人员具有良好的独立性。

（四）适应性原则

内部控制应当与企业经营规模、业务范围、竞争状况和风险水平等相适应，并随着情况的变化及时加以调整。适应性原则要求企业建立与实施内部控制应当具有前瞻性，适时地对内部控制系统进行评估，发现可能存在的问题，并及时采取措施予以补救。

（五）成本效益原则

内部控制应当权衡实施成本与预期效益，以适当的成本实现有效控制。成本效益原则要求企业内部控制建设必须统筹考虑投入成本和产出效益之比。对成本效益原则的判断需要从企业整体利益出发，尽管某些控制会影响工作效率，但可能会避免整个企业面临更大损失，此时仍应实施相应控制。

第三节　内部控制的内容和方法

内部会计控制是内部控制在财产保护和会计信息质量方面的具体化，其根本目的是保证会计信息的可靠性和企业资产的安全性和合法性。

一、内部会计控制的内容

内部会计控制的内容不仅涉及企业的各个岗位、员工，而且覆盖了企业的主要业务流程。内部会计控制的内容主要包括：货币资金控制、实物资产控制、采购与付款控制、销售与收款控制、筹资活动控制、投资活动控制、成本费用控制、工程项目控制、担保控制等方面。

（一）货币资金控制

企业的货币资金包括现金、银行存款和其他货币资金。货币资金具有很强的流动性和变现能力，是企业风险比较大的资产。货币资金会计控制，包括对货币资金收支和保管业务建立严格的授权审批制度，办理货币资金业务的不相容岗位应当分离，相关机构和人员应当互相制约，确保货币资金安全、完整等控制内容。

(二) 实物资产控制

实物资产主要包括原材料、产品、厂房、设备等有形资产，是企业经营活动顺利开展的重要物资。实物资产控制，主要包括建立实物资产管理的岗位责任制度，对实物资产运输、验收入库、领用、发出、盘点、保管及处置等环节进行控制，防止实物资产被盗窃、毁损和流失。

(三) 采购与付款控制

采购与付款控制，主要包括设置合理的采购与付款业务的岗位和授权原则，对请购与审批、采购与验收、付款与审核、会计记录报告进行系统控制，及时发现采购与付款业务活动中的差错与舞弊行为。

(四) 销售与收款控制

销售与收款控制，主要包括：制定商品或劳务的定价原则，制定科学合理的信用政策、信用条件，加强账款的回收，减少坏账发生的可能性，实现款项的及时收回。

(五) 筹资活动控制

筹资活动控制，主要包括：合理确定筹资规模和筹资结构，选择适当的筹资方式，降低资金成本，防范和控制财务风险，确保资金筹措合理与有效使用等控制。

(六) 投资活动控制

投资活动控制，主要包括：建立规范的投资决策机制和程序，通过实行重大投资决策集体审议、联签等责任制度，加强投资项目立项、评估、决策、实施及投资处置等环节的控制，严格控制投资风险等控制内容。

(七) 成本费用控制

成本费用控制，主要包括：建立费用控制系统，制定成本费用标准，分解成本费用指标，控制成本费用差异，考核成本费用指标的完成情况，落实奖惩措施，降低成本费用，提高经济效益等内容。

(八) 工程项目控制

工程项目控制，主要包括：建立规范的工程项目决策程序，明确相关机构和人员的职责权限，建立工程项目投资决策责任制度，加强工程项目预算、招投标及质量管理等环节的控制，防范决策失误，以及工程发包、承包、施工、验收等过程中的舞弊行为等控制内容。

(九) 担保控制

担保控制，包括严格控制担保行为，建立担保决策程序和责任制度，明确担保原则、标准和条件及担保责任等内容，加强对担保合同订立的管理，及时了解和掌握被担保人的经营和财务决策，防范潜在风险，避免或减少可能发生的损失等控制内容。

二、内部会计控制的方法

内部会计控制的方法是针对其内容设计的措施、程序和方法。内部会计控制方法多种多样，针对不同的经济业务和不同的控制内容，可以采用不同的控制方法。内部会计控制的方法主要有：不相容职务相互分离控制、授权批准控制、会计系统控制、预算控制、财产安全控制、风险控制、内部报告控制、电子信息技术控制等。

（一）不相容职务相互分离控制

不相容职务是指那些如果由一个人担任，既可能发生错误和舞弊行为，又可能掩盖其错误和舞弊行为的职务。也就是说，同一个人不能兼任两项或以上不相容的工作，同一个岗位不能执行两项或以上的职责。不相容职务分离的核心是“内部牵制”，它要求每项经济业务都要经过两个或两个以上的部门或人员的处理，单个人或部门的工作必须与其他人或部门的工作相一致或相联系，并受其监督和制约[①]。不相容职务分离控制要求单位按照不相容职务相互分离的原则，合理设置会计及相关工作岗位，明确职责权限，形成相互制衡机制。

不相容职务分离主要包括：①业务执行与授权审批职务相互分离；②业务执行与会计记录职务相互分离；③业务执行与财产保管职务相互分离；④会计记录与财产保管职务相互分离；⑤业务经办与审核监督职务相互分离。

保证不相容职务分离作用的发挥，需要各个职务分离的人员各司其职。如果担任不相容职务的人员之间相互串通勾结，则不相容职务分离的作用将会消失殆尽。因此，对不相容职务相互分离的控制也是企业需要加以考虑的。

（二）授权批准控制

授权批准控制要求企业所有经济活动都应该按照一定的审批程序进行，企业管理层必须在授权范围内行使职权和承担责任，经办人员也必须在授权范围内办理业务。授权分为一般授权和特别授权。一般授权针对的是企业经常发生、涉及范围较广的日常经营活动，例如：管理层授权仓库部门在现有材料到达再订购点时，可以直接提出采购申请，就属于一般授权。特别授权针对的是企业中发生频率较低、较为重要的非常规活动，例如：对于重大设备的采购，公司规定需要经过董事会会议

① 刘静，徐莉，欧阳春．财务管理［M］．南昌：江西高校出版社，2018.

审批，就属于特别授权。

一般授权通常在单位的规章制度中予以明确，授权的实效较长；特别授权往往针对例外经济业务，一般难以预料，授权的实效一般较短。

（三）会计系统控制

会计系统控制要求单位依据我国《会计法》和国家统一的会计制度，制定适合本单位的会计制度，明确会计凭证、会计账簿和财务会计报告的处理程序，建立和完善会计档案保管和会计工作交接办法，实行会计人员岗位责任制，充分发挥会计的监督职能。会计系统控制的主要内容包括：会计凭证控制、会计账簿控制、财务报告控制、会计分析控制、会计复核控制。

（四）预算控制

预算控制要求单位加强预算编制、执行、差异分析、责任考核等环节的管理，明确预算项目，建立预算标准，规范预算的编制、审定、下达和执行程序，及时分析和控制预算差异，采取改进措施，确保预算的执行。

首先，要确定预算控制的对象和范围。企业应对那些有必要控制，并且具有可控性的项目才进行预算控制。其次，要建立预算标准体系。预算标准体系是进行预算控制的前提，也是进行预算调整和预算执行考核的主要依据。预算标准的制定应该以财务信息为基础，结合趋势分析方法，对经营预算、财务预算和资本支出预算分别制定标准。再次，要明确预算编制方法和执行程序。以销售收入为出发点进行预算编制是常用的方法，同时还要设计预算执行的合理程序，防止实际情况过度偏离预算。最后，对预算进行调整和考核。对于实际和预算之间的差异要查找原因并进行调整，还要设计出具有竞争性的预算考核体系，提高预算控制的效果。

此外，对预算资金要实行严格的审批制度。预算内资金实行责任人限额审批，限额以上资金实行集体审批。严格控制无预算的资金支出。

（五）财产安全控制

财产安全控制是为了保证企业资产的安全和完整而进行的控制活动。财产安全控制要求单位限制未经授权的人员对财产的直接接触，采取定期盘点、财产记录、账实核对、财产保险等措施，确保各种财产的安全完整。

财产安全控制的主要内容包括：接触控制、定期盘点、记录保护、财产保险、财产记录监控、信誉考评制度及定期对账制度、应收账款催收制度。

（六）风险控制

风险控制要求单位树立风险意识，针对各个风险控制点，建立有效的风险管理系统，通过风险预警、风险识别、风险评估、风险分析、风险报告等措施，对财务风险和经营风险进行全面防范和控制。

（七）内部报告控制

内部报告控制要求单位建立和完善内部报告制度，全面反映经济活动情况，及时提供业务活动中的重要信息，增强内部管理的时效性和针对性。内部报告应该形成制度化，作为企业的强制措施，保证所有的重要信息能够及时、准确地传递给各层管理者。

企业常用的内部报告主要有：资金分析报告，包括资金日报、借款还款进度表、贷款担保抵押表、资金调度表等；经营分析报告；费用分析报告；资产分析报告、投资分析报告及财务分析报告等。

（八）电子信息技术控制

随着电子信息技术的发展，计算机被普遍运用于企业经营管理中，尤其是会计电算化、电子商务和大数据的发展对信息的安全性提出了严格的要求。信息技术控制要求运用信息技术手段建立内部会计控制系统，减少和消除人为操纵因素，确保内部会计控制的有效实施；同时要加强对财务会计信息系统开发与维护、数据输入与输出、文件储存与保管、相关人员的职责与权限、网络安全等方面的控制，确保数据的安全性和会计信息的真实性。除此之外，信息化背景下，企业也需不断探索内部会计控制的新方法，如对企业运转每个环节具体业务控制点进行实时化控制、对内部会计控制的方法进行集成化管理等，从而改善企业的管理，增加企业效益。

第四节　企业基本业务的内部会计控制

一、货币资金内部会计控制

货币资金是企业在生产经营过程中以货币形态存在的资产，包括现金、银行存款和其他货币资金。企业的一切生产经营活动和交易活动都离不开货币资金这种支付和交换手段，企业货币资金的内部会计控制是企业整个内部控制系统关键的组成部分。货币资金的内部会计控制制度主要有以下几种。

（一）不相容职务相互分离制度

企业应当建立货币资金岗位责任制，明确相关部门和岗位的职责权限，确保不相容岗位相互分离、制约和监督。工作中，出纳与会计的职务要分离。出纳主要负责现金的收付和现金日记账、银行存款日记账的记录，不得兼任稽核、会计档案保管、总分类账及收入、费用、债权、债务等明细分类账的登记工作，不得同时从事银行对账单的获取、银行存款余额调节表的编制等工作。会计主要负责原始凭证的复核、记账凭证的编制、分类账登记、账目稽核、会计档案的临时保管等工作，不得以任何方式接触企业的资金。会计和出纳不得相互兼任工作。

除了出纳和会计的职务要分离外，货币资金业务需要分离的不相容职务还有：货币资金支付的审批与执行分离；货币资金的保管与盘点清查分离；货币资金的会计记录与评审监督分离；票据管理人和使用人分离；印章管理人和使用人分离等。

货币资金不相容职务案例：曾在国家某科研基金管理机构工作的会计人员卡某涉嫌贪污挪用公款2亿元，被法院判处死缓，这是北京市自新中国成立以来涉案金额最高的一起职务侵占案件。

卡某在案发前的八年时间里，利用掌管该科研基金的专项资金下拨权，采用谎称支票报废、偷盖印鉴、削减拨款金额、伪造银行进账单和银行对账单等手段贪污挪用公款人民币2亿余元。卡某担负着资金收付的出纳职能，同时所有的银行单据和银行对账单也都由他一手经办，使得他得以作案长达八年，却一直没有被察觉。

案发那年刚过完春节，该科研基金管理机构的另一名会计人员一上班便到定点银行去拿银行对账单，以往这一工作一直由卡某负责。对账单上一笔2090万元的支出引起了该会计的注意，在他的印象中没有听说过此项开支。于是他将对账单拿去问卡某，卡某无奈之下只好道出实情，这桩涉案2亿元的大案也因此浮出水面。

据办案人员介绍，作为入账凭证，每一笔资金的流向都体现在银行的对账单上，而在该基金机构，卡某既管记账又管拨款，身份是会计却又掌握出纳的职能，这样就给他实施贪污挪用提供了职务上的便利。卡某从银行拿回对账单后，按照对账单的格式打印出空白对账单并对其进行伪造。对账单还必须要加盖银行印章，卡某长期和银行打交道，与银行工作人员非常熟悉，有时候银行直接就把印章给他，让他自己盖，这时候卡某就可以一次盖很多账单，伪造的对账单也就成了“真实”对账单。在长达八年的时间里，卡某一直利用伪造的银行对账单掩盖其贪污挪用的公款，这也在一定程度上导致审计部门虽然对该基金管理机构进行过多次审计，但一直没有发现卡某挪用资金的问题。

从不相容职务分离来说，由出纳来领取银行对账单是大忌，因为出纳本身负责货币资金保管和收支，如果再由出纳来负责领取银行对账单、编制银行存款余额调节表，出纳就有可能挪用或侵占企业货币资金，并通过伪造对账单或在余额调节表上做手脚来掩盖自己的舞弊行为。

（二）授权批准制度

企业应当对货币资金建立严格的授权批准制度，明确审批人员对企业货币资金业务审批授权的方式、程序、权限、责任和相关的控制措施，规定经办人员办理货币资金业务的职责范围和工作要求。

审批人员应当根据货币资金授权批准制度的规定，在授权范围内进行审批，不得超越其应有的权限范围；经办人员在办理货币业务时，要严格按照申请、审批、复核、支付的程序，及时准确地入账。对于审批人员超越授权范围审批的货币资金业务，经办人员有权拒绝办理，并及时向审批人员的上级授权部门报告。严禁未经授权的部门和人员办理货币资金业务或直接接触货币资金。

（三）货币资金支付制度

对于支付业务，企业应当建立相应的货币资金授权制度和审批制度，严格按照规定的程序和权限办理支付业务。

货币资金支付业务的流程一般包括：①支付申请。在企业部门或者个人需要用款时，应当向审批人提出申请，注明所需金额、用途和支付方式等相关内容，并且要附有原始单据或者相关证明。②支付审批。审批人根据规定中的职责和授权权限以及相应的程序对支付申请进行审批。对于不符合规定的申请应当予以拒绝，企业对于重要货币资金支付业务应当实行集体决策和审批，并建立责任追究制度，防范贪污、侵占及挪用货币资金等行为。③支付复核。根据规定，财务部门应当指定专人对于已经批准的申请进行复核，复核的内容包括权限、范围、审核的程序和手续，以及相关票据，金额的准确性和资金使用方式的合法性等。在复核准确无误后，交给出纳办理支付。④办理支付。由出纳员根据复核无误的申请办理相应支付手续，同时登记现金日记账或者银行存款日记账。

（四）货币资金使用制度

对于现金，企业应当重点加强对现金限额的管理，对于超过库存限额部分的现金应当及时存入银行。企业需要明确现金的使用范围，要严格按照国家现金管理制度和结算制度的规定进行现金的使用与保管；对于不属于现金结算范围内的支付业务一律通过银行存款办理转账结算。企业现金收入应当及时存入银行，不得用于直接支付企业自身的支出。因特殊情况需要坐支现金的，应当事先报经开户银行审批。企业借出款项必须执行授权批准程序，严禁擅自挪用、借出货币资金。企业应当定期和不定期地对现金进行盘点，将盘点结果与会计记录进行比较，确定其是否相符。如果不符，应当查明原因并及时进行处理，查清责任。

对于银行存款，企业应当按照中国人民银行印发的《支付结算办法》的有关规定，开立账户，办理存款、取款和结算业务。企业应该严格遵守银行关于结算的法律法规，禁止签发没有资金保证的远期支票或者其他票据，套取银行信用；禁止签发、取得或者转让没有真实交易和债权债务的票据，套取银行和他人资金；禁止没有任何理由的拒绝付款，随意占用他人资金；不准违反规定开设和使用银行账户。企业应当每个月都指定出纳以外的人员对银行存款账户进行核对，编制银行存款余额调节表，确定实际余额与银行对账单余额是否相等。如调节不符，应当查明原因及时处理。如果企业使用网上银行等电子支付手段，更要求加强监督检查，执行网上支付操作人员的不相容职务分离，严格按照设定流程办理支付业务。

（五）票据及印章管理制度

企业应当加强对票据各个环节的管理，明确各种票据的购买、保管、领用、背书转让及注销等环节的职责权限和程序。为了防止空白票据的被盗或者丢失，应当专门设立登记账簿进行记录。

按照规定需要由企业有关负责人盖章或者签字的经济业务，要严格履行盖章或签字手续。财务章应该由专人保管，个人名章应当由本人或其授权人员专人保管，不能由同一人保管各种印章。

二、采购与付款业务内部会计控制

采购是企业为了满足生产经营活动所需材料、固定资产及办公用品等物品或提供劳务服务所需物品进行的采购业务活动。付款是由于采购等活动产生的款项支付行为。采购与付款业务主要包括：生产或管理等部门根据采购预算或计划提出采购申请；对采购申请做出审批；实施采购；验收商品或劳务；支付款项；进行账务处理；对采购工作进行检查分析与评价。采购与付款业务内部会计控制制度主要有以下几种。

（一）不相容职务分离制度

企业应当根据物资采购的要求，建立采购与付款业务的岗位责任制，明确相关部门和岗位的职责权限，确保办理采购与付款业务的不相容职务相互分离，并对其进行制约和监督。任何企业不得由同一部门或人员办理采购与付款业务的全部过程。采购与付款业务需要分离的不相容职务主要有：

（1）申购与审批人员的职务相分离；

（2）询价与确定供应商岗位人员的职务相分离；

(3) 采购合同的订立与审计岗位人员的职务相分离；

(4) 采购与验收岗位人员的职务相分离；

(5) 采购、验收与相关会计记录岗位人员的职务相分离；

(6) 付款审批与付款执行岗位人员的职务相分离。

(二) 授权批准制度

企业应当对采购与付款业务建立严格的授权批准制度，明确审批人员对采购与付款业务的授权批准方式、权限、程序、责任和相关的控制措施，规定经办人员的职责范围和工作要求。

审批人员应当根据采购与付款业务授权批准制度的规定，在授权范围内进行审批，不得超越其应有的权限范围；经办人员应当在职责范围内按照制度规定办理采购与付款业务。对于重要的采购与付款业务应当组织专家进行可行性论证，由企业领导进行集体决策和审批，防止出现重大决策失误，造成严重损失。严禁未经授权的部门和人员办理采购与付款业务。

材料采购授权批准案例：

某国有企业材料采购审批制度要求企业材料采购由供应部经理负责审批、专门采购员负责实施采购。某日采购员王某在外地采购时发现另一家公司的A产品正在开展促销活动，当地主要媒体正在对A产品进行宣传，称其为高科技产品可以替代本企业主要原料并能够节约30%的成本，促销时间仅仅两天。王某认为时间过于紧张，来不及请示供应部经理，因此直接电话请示企业总经理，总经理决定采购10吨，价税合计100万元。王某当即采购A产品并由仓库验收入库。后来生产车间反映，该批材料不适应生产要求，只能折价处理，造成损失30万元。随后总经理指示调整成本预算，将30万元损失计入正常材料损耗。

在该案例中，原材料采购没有严格实施授权批准制度。供应部经理拥有采购相关材料的批准权限，但采购员直接向总经理请示，总经理越权批示，导致采购失误。另外，对于重大的非常规采购业务，应该通过集体决策以尽可能减少决策不当的损失，总经理贸然决定采购“高科技”产品，没有经过咨询、集体决策等程序，也违背了决策方面的要求。

(三) 采购申请制度

企业应当建立采购申请制度，明确相关部门或人员的职责权限及相应的申购程序。一般性物资由使用部门发出申购单，经过审批由采购部门采购后，由使用部门直接领用或由仓储部门保管代领；属于常备物资或存量控制的物资由仓储部门按照物资需求计划直接提出申购；对于临时需要的物资，由使用人根据实际需要直接提出，由使用部门主管审批，并经财务部门资金预算授权人签字后，交由采购部门办理采购；对于重要物资的采购，应当经过决策论证和特殊的审批程序；对于紧急需求的特殊请购，应制定特殊审批程序。

（四）采购与验收制度

企业应当建立采购与验收环节的管理制度，对采购方式的确定、供应商的选择及验收程序等做出明确规定，确保采购过程的透明化。

企业应当根据物资的性质及供应情况确定采购方式。一般物资采购应当采用订单采购或合同订货等方式，小额零星物资采购可以采用直接购买等方式。对于例外紧急需求的物资应制定特殊采购处理程序。

企业应当充分了解和掌握供应商的信誉、供货能力等情况，采取由采购、使用等部门共同参与比质比价的程序，并按照规定的授权批准程序确定供应商。小额零星采购也应当由经过授权的部门事先对价格等有关内容进行审查。

企业应当根据规定的验收制度和经过批准的订单、购销合同等采购文件，由独立的验收部门或指定专人对所购物资进行验收，出具验收证明。对于已经检验合格的物资由保管人员进行实物清点，并与发票、合同等进行核对，核对无误后，按照编号的顺序填写入库单。

（五）货款支付制度

付款这一环节表示采购业务的结束。货款支付控制措施主要包括以下内容：

由会计部门根据审核后的合同、发票、验收单、入库单以及其他有关凭证与合同规定的付款条件和发货情况进行核对，核对无误后经企业授权人审批后向供应商办理结算。

对于现金支付的交易，会计部门在收到发票等原始凭证后，先由部门授权人审核批准，再由会计人员根据原始凭证编制付款凭证，交由出纳员按照付款凭证列出的金额支付现金，并登记现金日记账，然后将付款凭证退交会计部门，以便登记总账和明细账。

对于应付账款，应由专人按照约定的付款日期、折扣条件等管理。已经到期的应付账款必须经过有关人员授权审批后方可办理结算与支付。

企业应当建立退货管理制度，对退货条件、退货手续、货物出库及退货货款回收等做出明确规定，及时收回退货货款。企业应当定期与供应商核对货款。如有不符，应当查明原因并及时进行处理。

三、实物资产内部会计控制

实物资产是企业拥有或控制的有形资产，主要包括存货和固定资产。实物资产在企业资产总额中的占比较大，是企业进行经营活动的基础。实物资产种类繁多、形态各异，具有存放分散的特点，增加了企业管理的难度和损失风险。

（一）存货内部会计控制

存货是指企业在日常活动中持有以备出售的产成品或商品、处在生产过程中的在产品、在生产过程或提供劳务过程中耗用的材料及物料等，主要包括各类原材料、在产品、半成品、产成品、商品等。存货业务的内部会计控制制度主要有以下几种。

1. 不相容职务分离制度

企业应当建立存货业务的岗位责任制，明确相关部门和岗位的职责权限，确保办理存货业务的不相容岗位相互分离、制约和监督。

存货业务涉及众多的部门和环节，需要分离的不相容职务一般包括：

（1）存货的请购与审批相分离；

（2）存货的审批与执行相分离；

（3）存货的采购、验收与付款相分离；

（4）存货的销售与收款相分离；

（5）存货的保管与清查相分离；

（6）存货处置的审批与执行相分离；

（7）存货业务的审批、执行与相关会计记录相分离。

2. 授权批准制度

企业应当对存货建立严格的授权批准制度，明确审批人员对存货业务审批授权的方式、程序、权限、责任和相关控制措施，规定经办人员办理存货业务的职责范围和工作要求。

审批人员应当根据存货授权批准制度的规定，在授权范围内进行审批，不得超越其应有的权限范围；经办人员在职责范围内按照审批人员的批准意见办理存货业务。对于审批人员超越授权范围审批的存货业务，经办人员有权拒绝办理，并及时向审批人员的上级授权部门报告。对于重大战略性采购，经董事会决议后由董事长审批。严禁未经授权的部门和人员办理存货业务。

3. 存货请购和采购制度

企业应制订采购计划，对存货的采购实行预算管理，合理确定原材料、在产品、产成品等存货的比例。存货采购的请购单要经批准后，才能由采购部门负责采购。外购存货的请购审批程序，按照前述采购与付款的有关规定执行。

4. 存货验收和保管制度

存货到达企业后，验收部门应对存货购进日期、品名、规格、供货单位、质量及数量进行检验。验收部门检验货物后，应当填制包括供应商名称、收货日期、货物名称、数量和质量的收货报告单，经过部门主管签字后，交给购货和会计部门，以便支付货款及进行相应的账务处理。

存货管理部门应当对入库的存货建立存货明细账，详细登记存货类别、编号、名称、规格型号、数量、计量单位等内容，并定期进行盘点，与财务部门进行核对，做到账实相符。存货保管人员应随时检查存储的存货有无发生过期变质、残损、积压、短缺等情况，如有发现应及时报告主管人员进行处理。

5. 存货领用和发出制度

企业应当建立严格的存货领用和发出制度。存货领用需经部门负责人审批签字，超出存货领料限额的，以及大批商品、贵重商品或危险品的发出应当经过特别授权。仓管员审核无误后发货，同时在领料单上签章以明确责任，并注销实物保管卡片。月末将生产部门或其他部门未用完的存货及时盘点退库，生产部门或其他部门及会计部门分别签字以明确责任。

（二）固定资产内部会计控制

固定资产是指为生产商品、提供劳务、出租或经营管理而持有的，使用寿命超过一个会计年度的资产，主要包括房屋及建筑物、机器设备、运输设备等。固定资产业务的内部会计控制制度主要有以下几种。

1. 不相容职务分离制度

企业应当建立固定资产业务的岗位责任制，明确相关部门和岗位的职责权限，确保办理固定资产业务的不相容岗位相互分离，并对其进行制约和监督。

固定资产业务不相容职务一般包括：

（1）资产需要与资产采购职务相分离；

（2）资产申购或建造审批与申购或建造提出人员的职务相分离；

（3）资本预算的复合审批与资本预算编制人员的职务相分离；

（4）固定资产验收与采购人员的职务相分离；

（5）资产使用、保管与资产记录人员的职务相分离。

2. 授权批准制度

企业应当对固定资产建立严格的授权批准制度，明确审批人员对固定资产业务审批授权的方式、程序、权限、责任和相关控制措施，规定经办人员办理固定资产业务的职责范围和工作要求。

审批人员应当根据固定资产业务授权批准制度的规定，在授权范围内进行审批，不得超越其应有的权限范围；经办人员在职责范围内按照审批人员的批准意见办理固定资产业务。

对于审批人员超越授权范围审批的固定资产业务，经办人员有权拒绝办理，并及时向审批人员的上级授权部门报告。

3. 固定资产预算制度

预算制度是固定资产控制中最重要的部分。企业应根据固定资产使用情况、生产经营发展目标等因素拟定固定资产投资项目，编制固定资产投资预算，并按规定程序进行审批。对于重大的固定资产投资项目，可组织独立的第三方进行可行性研究与评价，应由企业实行集体决策和审批。

对于预算内固定资产投资项目，应严格按照预算执行进度办理相关手续；对于超预算或预算外固定资产投资项目，应由固定资产相关责任部门提出申请，进行审批后再办理相关手续。

4. 固定资产请购与审批制度

对于外购的固定资产应当建立请购与审批制度，明确请购部门和审批部门的职责权限及相应的请购与审批程序。外购固定资产的请购审批程序，按照前述采购与付款的有关规定执行。

5. 固定资产使用与维护、保养制度

企业应确定固定资产分类标准和管理要求，制定和实施固定资产管理制度。使用过程中应做好固定资产计提折旧、维修保养等明细情况的登记。要建立固定资产定期盘点制度。

固定资产使用部门负责固定资产日常维修、保养、定期检查，及时消除风险。固定资产大修理应由固定资产使用部门提出申请，按规定程序报批后安排修理。固定资产技术改造应组织相关部门进行可行性论证，审批通过后予以实施。

6. 固定资产报废制度

企业应定期对固定资产进行清查盘点，以确定报废的固定资产。对确定报废的固定资产，由固定资产管理部门填写财产报废单，交给企业报废鉴定部门和分管固定资产的负责人进行审批。在审批通过后，固定资产管理部门会同财务部门共同办理固定资产报废事宜，固定资产管理部门依照财产报废单办理报废手续，将固定资产转入清理，财务部门在固定资产清理完毕后，对报废的固定资产进行清理核算。

四、销售与收款业务内部会计控制

销售与收款业务主要指商品销售和劳务供应以及对相应款项收取业务。销售与收款业务主要包括：企业根据市场需求和自身生产能力制订销售计划；接受客户订单和签订销货合同；制订合理的信用政策；根据销售订单和销售通知单发货；进行货款结算；进行账务处理。销售与收款业务内部会计控制制度主要有以下几种。

（一）不相容职务分离制度

企业应当建立销售与收款业务的岗位责任制，明确相关部门和岗位的职责权限，确保办理销售与收款业务不相容职务的相互分离、制约和监督。企业应当将办理销售、发货、收款三项业务的部门分别设立。销售部门主要负责处理订单、签订合同、执行销售、催收货款。信用部门主要负责制订信用政策，包括对不同客户制订信用额度、回款期限、折扣标准等，并监督和评价各部门信用政策执行情况。发货部门主要负责审核销售发货单据是否齐全，并办理发货具体事宜。财务部门主要负责销售款项的结算和记录、监督管理货款回收。销售与收款业务需要分离的不相容职务主要有：

（1）接受客户订单的职务和负责赊销信用核准的职务相分离；

（2）填制发票的职务和发票的复核职务相分离；

（3）销售通知单的编制和商品付款、提取及托运职务相分离；

（4）办理销货退回时的实物验收职务与退货记录职务相分离；

（5）应收账款的记录职务与收款职务相分离；

（6）商品保管与装运职务相分离；

（7）开单销售职务与收款职务相分离。

销售与收款业务不相容职务案例：

某公司分别设立办理销售、发货和收款三项业务的部门，同时考虑到销售部门比较熟悉客户情况，也便于销售部门进行业务谈判，确认销售部门兼任信用管理机构。对大额销售业务，销售部门可自主定价，签订销售合同。为避免银行对公司资金流动的监控，企业在销售业务中尽可能利用各种机会由业务员向客户收取现金，然后交给财务部门存放在专门的账户上。某月销售员甲联系到一个大客户，办理了300万元的销售业务，并将该款项交财务部入账。次月，该业务员谎称对方要求退货，并自行从其他企业低价购入同类商品要求仓储部门验收入库，仓储部门发现商品商标丢失，但未进行核查，直接办理了各项手续（未出具质检报告），财务部将退货款转入业务员提供的银行账号。

在本案例中，销售部兼任信用管理机构违背了不相容岗位相互分离的要求，销售部和信用管理部门应该分开设立。销售部自行决定大宗商品售价的做法属于授权不当，容易导致销售部门截留销售收入、中饱私囊、私设小金库等问题。应该根据销售数量情况确定价格浮动范围，对产品销售价格进行有效控制。销售人员直接收取货款的方式违背了不相容岗位相互分离的要求，容易导致各种错误。本案中销售人员假借销售退回之名，相当于利用公司销售的名义，为自己销货，牟取私利，就是利用了不相容岗位未分离的漏洞。仓储部门办理验收入库手续、财务部门办理退款手续均存在失职现象，退回的货物应由质检部门检验和仓储部门清点后方可入库。质检部门应检验并出具检验证明；仓储部门应在清点货物、注明退回货物的品种和数量后填制退货验收报告；财务部门应对检验证明、退货验收报告以及退货方出具的退货凭证等进行审核后办理相应的退款事宜。三个部门都没有按照规定要求操作，因此为销售人员违规提供了条件。

（二）授权批准制度

企业应当对销售与收款业务建立严格的授权批准制度，明确审批人员对销售与收款业务的授权批准方式、权限、程序、责任和相关的控制措施，规定经办人员的职责范围和工作要求。

审批人员应当根据销售与收款业务授权批准制度的规定，在授权范围内进行审批，不得超越其应有的权限范围，经办人员应当在职责范围内按照制度规定办理销售与收款业务。对于超过企业既定销售政策和信用政策规定范围的特殊销售业务，企业应当进行集体决策和审批，防止出现重大决策失误，造成严重损失。严禁未经授权的部门和人员办理销售与收款业务。

（三）销售合同控制制度

企业在销售过程中必须签订规范的销售合同，严格按照销售合同进行生产和销售。销售合同订立前，应当指定专门人员就销售价格、信用政策、发货及收款方式等具体事项与客户进行谈判。谈判人员至少应有两人以上，并与订立合同的人员相分离。

（四）销售发货制度

销售部门应当按照经过批准的销售合同编制销售计划，向发货部门下达销售通知单，同时编制销售发票通知单，并经过审批后下达给财务部门，由财务部门根据销售发票通知单，向客户开出销售发票。发货部门应当严格按照销售通知单所列的发货品种和规格、发货数量、发货时间及发货方式组织发货，并建立货物出库、发运等环节的岗位责任制，确保货物安全发运。

（五）销售收款制度

财务部门应对销售部门、仓库、运输部门转来的销售发票、合同副本、发运凭证等核对无误后，编制收款通知单，并按合同规定向客户收款。

企业应加强对赊销业务的管理，坚持核准赊销、取得保证、限期回收货款的原则。企业应当建立应收账款的账龄分析和逾期应收账款的催收制度。销售部门应该负责应收账款的催收工作，财务部门应督促销售部门加紧催收。对于可能成为坏账的应收账款应当报告有关机构。发生的坏账应当查明原因、明确责任，并在履行规定的审批程序后做出会计处理。已注销的坏账又收回时，应当及时入账，防止形成账外款。企业应当定期与往来客户通过函证等方式核对应收账款。如有不符，应当查明原因，及时处理。

（六）销货退回制度

企业应当建立销货退回制度。销货退回必须经过销售主管审批后方可执行。销售退回的货物，应当经过质检部门检验和仓储部门清点后方可入库。质检部门应当对客户退回的货物进行检验并出具检验证明；仓储部门应当在清点货物、注明退回货物品种和数量后，填制退货接收报告；财务部门应当对检验证明、退货接受报告以及退货方出具的退货凭证等进行审核后，办理相应的退款事宜。

五、筹资活动内部会计控制

筹资是指企业为了满足生存和发展需要，通过改变企业资本、债务规模和构成而筹集资金的活动，包括负债性筹资和权益性筹资。筹资活动的特点是交易事项的频率较少，但每笔交易的金额较大。筹资活动内部会计控制制度主要有以下几种。

（一）不相容职务分离制度

企业应当建立筹资业务的岗位责任制，明确相关部门和岗位的职责权限，确保办理筹资业务的不相容职务相互分离、制约和监督。筹资业务需要分离的不相容职务主要有：

（1）筹资计划编制与审批人员的职务相分离；

（2）筹资方式的执行人员（如办理债券或股票发行人员）应与会计记录人员的职务相分离，通常要求由独立的机构来代理发行股票或债券；

（3）筹资方式的执行人员（如办理债券或股票发行人员）应与筹集所得资金的保管人员以及会计记录人员的职务相分离；

（4）负责利息或股利计算及会计记录的人员应与支付利息或股利人员的职务相分离。

（二）授权批准制度

筹资业务发生之前应当进行严格的审批，由董事会授权高级管理人员管理筹资业务，明确权责范围。筹资管理人员应当定期进行企业经营活动的分析，根据资金预测编制筹资计划。筹资计划应当经过董事会的审批，董事会会同法律和财务顾问审核筹资计划的合理性和可行性。筹资计划一经批准，董事会应当授权财务经理筹划具体的筹资事项。具体筹资事项拟定后，董事会应当逐项审核和确认，并将审核结果进行书面记录。

（三）筹资决策控制制度

企业之所以会发生债务危机，甚至因债务危机而导致企业破产，在很大程度上是筹资决策失误所致。筹资决策失误又主要是因为没有严格按照筹资决策的程序进行管理，例如：对企业未来现金流量判断估计有误；决策随意化；等等。

企业首先应根据投资需要，制订筹资计划，分析寻找筹资渠道，明确可筹资金的来源并计算各个筹资渠道的筹资成本费用。企业还应分析现有负债结构和未来现金流量，明确企业未来还债能力。在权衡还债风险和筹资成本的基础上，拟订筹资方案，评估筹资风险，选择筹资方案。在筹资风险可控范围内，企业应尽可能选择筹资成本低的筹资渠道以取得资金。

（四）筹资执行控制制度

筹资方案通过后，企业应根据筹资方案与相关部门或企业订立筹资合同或协议，签订正式的承销、包销合同或协议，按照筹资合同或协议的约定及时足额取得相关资产，核算筹资成本和费用，按规定的用途使用筹集的资金。

（五）筹资偿付控制制度

企业应对偿还本金、利息、股利等做出计划和预算安排，并正确计算、核对各款项偿付符合筹资合同或协议的规定。

企业支付筹资本金、利息、股息时，应当履行审批手续，经授权人员批准后方可支付。企业委托代理机构对外支付债券利息、股利，应清点、核对代理机构的利息、股利支付清单，并及时取得有关凭证。企业应当按照利润分配方案发放股利，利润分配方案应当按照企业章程或有关规定，按权限进行审批。企业以非货币性资产偿付本金、利息、股利时，应当由相关机构或人员合理确定其价值，并报授权批准部门批准，必要时可委托具有相应资质的机构进行评估。

六、投资活动内部会计控制

投资是指企业为获取收益而向一定对象投放资金的经济行为，例如企业购买特定投资对象发行的股票、债券、基金等。投资活动内部会计控制制度主要有以下几种。

（一）不相容职务分离制度

企业应当建立投资业务的岗位责任制，明确相关部门和岗位的职责权限，确保办理投资业务的不相容职务相互分离、制约和监督。投资业务需要分离的不相容职务主要有：

（1）投资计划编制与审批人员的职务相分离；

（2）负责证券购入及出售业务的人员应与会计记录人员的职务相分离；

（3）证券保管与负责投资交易的人员应与账务处理人员的职务相分离；

（4）参与投资交易活动的人员应与负责有价证券盘点人员的职务相分离。

（二）授权批准制度

对外投资业务授权批准制度应明确授权批准方式、程序和相关的控制措施，规定审批人的权限、责任以及经办人员的职责范围和工作要求。

审批人员应当根据对外投资授权批准制度的规定，在授权范围内进行审批，不得超越其应有的权限范围；建立严格的投资决策的制定、投资计划的编制、投资合同的签订及投资资产处置的审批手续，对重大投资必须建立集体审批和联签制度，严禁由个人单独做出投资决策；明确经办人员的职责范围，使其在职责范围内办理对外投资业务；投资计划的执行、投资业务的记录、有价证券的保管等必须在授权范围内进行，严禁任何未经授权的机构和人员办理投资业务。

（三）投资取得控制制度

投资取得控制制度主要包括决策程序、风险评估和信息披露等内容。投资审核人授权投资项目执行人，并对其发出投资指令。投资执行人根据投资计划进行投资洽谈，并在洽谈过程中将执行情况反馈给投资审批人。投资洽谈完毕，投资审批人最终签订投资协议书。执行人根据投资协议交割资产并根据核对结果填制资产记录，交由投资审批人审核。

（四）投资资产保管制度

投资资产保管制度主要包括资产管理责任、资产盘点、资产处置、资产使用等内容。购入的投资资产经过核对无误登记后，移交保管部门，保管部门负责保管投资资产。在投资资产发生变动时进行控制，保管部门还要经常性地对资产变动情况及相应会计记录进行审核，如有差错，应当对保管和变动过程进行检查。企业应当授权相关部门定期或不定期地对投资资产进行盘存管理。

（五）投资收益及处置制度

投资收益及资产处置制度主要包括投资收益的分类、审计、处置流程等内容。

对于投资业务日常收益的收回，由会计人员进行记录并复核。对于投资业务的处置，投资业务相关部门应根据投资计划书提出处置申请或根据企业决定临时处置，投资资产处置申请应当由相应投资业务审批人进行审批，获得批准后方可执行处置。处置结果应当与投资计划书相比较和进行差异分析，并报送董事会和财务经理。

七、成本费用内部会计控制

成本费用通常是指企业在日常生产经营活动中发生的各项费用，包括直接成本和间接成本，例如：发生的销售费用、管理费用、财务费用。从长期来看，企业加强成本费用的控制，合理降低成本费用，是企业获得有利竞争地位的条件之一。成本费用业务内部会计控制制度主要有以下几种。

（一）不相容职务分离制度

企业应当建立成本费用业务的岗位责任制，明确相关部门和岗位的职责权限，确保办理成本费用业务的不相容职务相互分离、制约和监督。成本费用业务需要分离的不相容职务主要有：

（1）成本费用预算编制与审批人员的职务相分离；

（2）成本费用支出审批与执行人员的职务相分离；

（3）成本费用支出执行与相关会计记录人员的职务相分离。

（二）授权批准制度

企业应当建立严格的成本费用授权批准制度，明确审批人员对成本费用业务的授权批准方式、权限、程序、责任和相关的控制措施，规定经办人员的职责范围和工作要求。

审批人员应当根据成本费用业务授权批准制度的规定，在授权范围内进行审批，不得超越其应有的权限范围，经办人员应当在职责范围内按照制度规定办理成本费用业务。对于审批人员超越授权范围审批的成本费用业务，经办人员有权拒绝办理，并及时向审批人员的上级部门报告。

（三）成本费用预算控制制度

成本费用预算是一项综合性预算，其核心是成本费用的预测。成本费用预测根据企业的经营总目标和预测期可能发生的各个影响因素，采用定性和定量的分析方法，对未来企业成本费用水平及其发展趋势进行科学预测和估算的过程。

成本费用预测工作主要包括直接材料和直接人工的预测、间接成本的预测等内容。企业应根据生产、销售发展情况和生产消耗水平的变化，在测定目标利润的前提下，测算目标成本和费用；根据计划年度各项经济指标的实施情况，测算计划年度可比产品成本，以降低成本费用指标；根据产量与成本的关系，测算产品成本发展趋势。

成本费用预测环节的主要控制点包括：制定的目标成本和费用水平要合理；成本费用预测资料数据要真实完整；成本费用预测方案要合理、模型科学、预测结果要恰当。

（四）成本费用发生控制制度

企业的成本费用有些发生在产品生产制造过程，有些发生在采购、销售及行政管理等环节。对于发生在不同环节的成本费用要采取不同的控制方式。

生产过程中发生的成本费用主要包括材料、燃料及动力费用、人工费用和制造费用，其业务流程主要包括：①单位技术部门会同生产成本发生部门制定材料、动力等费用的消耗定额与开支标准，作为对各项生产成本控制的依据。计划部和会计部门根据消耗定额及其开支标准，编制生产成本计划，并将费用指标分解落实到生产成本具体发生部门。②用料部门根据生产计划和消耗定额填制领料单，经主管部门人员审核签字后进行领料；各个部门考核人员做出考勤和产量记录，经部门负责人审核签字后，作为计算工资、提取福利费及分配工资费用的依据；车间核算人员记录动力消耗情况，经主管人员审核签字后作为分配动力消耗费用的依据。③会计部门根据各部门审核签字后的各项费用开支凭证，结合各部门费用限额办理各项费用的核算业务，同时汇集各项生产成本的原始记录进行审核汇总记入有关账簿。

生产过程中发生的成本费用应采取的控制制度主要包括：①单位各车间和职能部门需要开支的各项费用，要经过车间或部门负责人员进行审核批准；对于超出限额或预算的费用开支要由上级主管人员审查批准。②单位仓库保管人员检查领料单（经批准）上的领料数量是否超过限额、手续是否齐全后，在领料单上签章，并据以发放材料；劳资部门检查车间和其他职能部门转来的考勤记录、产量记录等原始记录后，签发由会计部门提供的工资结算单；会计部门检查各种以货币资金形式支付的各种综合性费用支出是否超过限额或预算、手续是否齐全后，办理货币资金结算。③记账前，稽核人员负责审核材料发出汇总表、工资结算汇总表、固定资产折旧计算表及其他费用支出原始凭证基本内容的完整性和正确性，并签字盖章以示稽核。④单位生产成本明细账会计应根据原始凭证或记账凭证，及时登记生产成本明细账；生产成本总账会计应根据记账凭证登记生产成本总账；生产成本明细账会计和生产成本总账会计应定期核对生产成本明细账和生产成本总账的发生额和余额，并相互取得对方验证以示对账。

发生在采购、销售及行政管理等环节的成本费用主要包括销售费用、管理费用和财务费用。采用的控制方法主要有预算控制法、定额控制法、归口分级管理法等。预算控制法是通过编制费用支出的预算来控制日常费用开支。定额控制法是事先对需要消耗的费用确定一个额度，作为费用开支的标准。归口分级管理法是指按照管理权限和管理责任相结合的原则，将费用先归口于各个部门，各部门再根据费用的具体情况，将费用控制责任层层分解、层层落实，让归口管理部门的所属单位和个人都对相关费用控制和管理负有责任，从而加强对费用的控制。

（五）成本费用监督检查控制制度

企业应建立成本费用的监督检查制度，明确监督检查人员的职责权限，定期和不定期地进行检查。

成本费用监督检查的内容主要包括：成本费用业务相关岗位及人员设置情况；成本费用业务授权批准制度执行情况；成本费用预算执行情况；成本费用核算制度执行情况等。对于在监督检查过程中发现的成本费用内部控制中的薄弱环节，企业应当采取措施及时加以纠正和完善。

第四章　财务管理概述

第一节　财务管理的涵义

财务管理是组织企业财务活动、处理财务关系的一项经济管理工作。因此，要了解什么是财务管理，必须先分析什么是财务活动和财务关系。

一、财务活动

在市场经济条件下，商品是价值和使用价值的统一体；社会再生产过程是使用价值的生产、交换过程和价值的形成、实现过程的统一体。在这一过程中，企业将资金通过采购业务转换成生产资料，劳动者通过生产过程将消耗的生产资料价值转移到产品中，并因在产品中凝结了劳动者的活劳动而创造出了新的价值，通过销售过程将产品销售出去，在收回资金的同时使生产过程中转移的价值和新创造的价值得以实现。

企业在上述生产经营过程中，其物质的价值形态不断地发生变化，由一种形态转变成另一种形态，如此周而复始，循环往复，这种价值量的循环周转形成了企业的资金运动。企业的生产经营活动，一方面表现为商品实物形态的转换过程，另一方面表现为资金的运动。资金运动是企业在生产过程的价值表现，它从价值量角度综合地反映了企业的再生产过程。在这个意义上，可以将资金的实质理解为社会再生产过程中运动着的价值。

资金运动是以现金收支为主的企业资金收支活动的总称，可以直接地表现为资金的流入和流出，由资金的筹集、投放、营运和分配等一系列活动所构成，即财务活动。企业的财务活动主要包括以下四个方面：

（一）筹资活动

在商品经济条件下，任何经济实体从事生产经营活动都必须以拥有一定数量的资金并能够对其加以自主地支配和运用为前提。企业取得资金以及由此而产生的一系列经济活动就构成了企业的筹资活动。具体来讲，当企业借助于发行股票、发行债券和吸收直接投资等方式筹集资金时，会引发资金流入企业；当企业在筹资时支付各种筹资费用、向投资者支付股利、向债权人支付利息以及偿还到期本金时，会引发资金流出企业。把这些因筹集资金而引发的各种资金收支活动称为筹资活动。

（二）投资活动

通过各种方式筹集大量资金并非企业经营的最终目的。企业筹集资金后所面临的问题是如何合理地运用资金以谋求最大的经济利益，增加企业的价值。企业对资金的运用包括将资金投放于长期资产和短期资产两方面的内容。一般来讲，将资金投放在长期资产上的行为称为投资活动；将资金运用在短期资产上进行周转的行为称为营运活动。企业的投资活动有狭义和广义之分，狭义的投资活动仅指对外投资，包括对外股权性投资和债权性投资两种。广义的投资活动不仅包括对外投资，还包括对内固定资产投资和无形资产投资等。当企业将筹集到的资金用以购买各种长期资产或有价证券时，会引发资金流出企业；当企业将资产处置或将有价资产出售转让收回投资时，会引发资金流入企业。这些因资金的投放和回收而引发的资金收支活动就是投资活动。

当然，企业的筹资活动和投资活动之间不是孤立的，而是相互依存、辩证统一的。筹资活动是投资活动的前提，没有筹资活动，投资活动将失去资金基础；投资活动是筹资活动的目的，是筹资活动经济效益得以实现的保障，没有投资活动，筹资活动将失去意义，成为不经济行为。

（三）营运活动

企业短期资金的周转是伴随着日常生产经营循环来实现的。具体表现为，企业在运用资金采购材料物资并由生产者对其进行加工，直至将其加工成可供销售的商品，同时向生产者支付劳动报酬以及各种期间费用。当企业用资金补偿由于生产经营过程所发生的这些耗费时，会引起资金流出企业。当产品实现销售、收回货款时，会使资金流入企业。在生产经营过程中，由于企业出现临时资金短缺而无法满足经营所需时，需要通过举借短期债务等方式获得所需资金，引发资金流入企业。因此，由企业的日常经营活动而引起的各种资金收支活动就是企业的资金营运活动。

（四）利润分配活动

企业在经营过程中会因为销售商品、对外投资等活动获得利润，这表明企业实现了资金的增值或取得了相应的投资报酬。企业的利润要按照规定的程序进行分配，主要包括上缴税金、弥补亏损、提取盈余公积金、提取公益金和向投资者分配利润等。这种因实现利润并对其进行分配而引起的各种资金支付活动，即利润分配活动。

上述四项财务活动并非孤立、互不相关的，而是相互依存、相互制约的，它们构成了完整的企业财务活动体系，构成了财务管理的基本内容，即筹资管理、投资管理、营运资金管理和利润分配管理。

二、财务关系

财务关系是指企业在组织财务活动过程中与各有关方面发生的各种各样的经济利益关系，企业进行筹资、投资、营运及利润分配时，会因交易双方在经济活动中所处的地位不同，各自拥有的权利、承担的义务和追求的经济利益不同而形成不同性质和特色的财务关系。

（一）企业与投资者之间的关系

企业与投资者之间的关系主要表现在企业的投资者向企业投入资金，形成主权资金，企业应将税后利润按照一定的分配标准分配给投资者以作为投资者的投资报酬；投资者将资金投入企业，获得对企业资产的所有权，从而参与企业的生产经营运作并有权按持有的权益份额从税后利润中获取投资回报。投资者必须按照合同、协议、章程的有关规定按时履行出资义务，及时形成企业资本金，获取参与企业生产经营、分享利润的权利。企业接受投资后，对资金成功加以合理运用，取得的财务成果要按照各出资人的出资比例或合同、协议、章程规定的分配比例向投资者分配利润。企业与投资者之间的财务关系体现为所有权性质上的经营权与所有权的关系。

（二）企业与债权人之间的财务关系

企业向债权人借入资金形成企业的债务资金，企业按照借款合同或协议中的约定按时向债权人支付利息，并到期偿还本金；债权人按照合同或协议中的约定及时将资金借给企业，成为企业的债权人，具有按照合同或协议中的约定取得利息和索偿本金的权利。债权人与投资者的不同之处在于：债权人的出资回报来源于息税前利润，而投资者的出资回报来源于税后利润，且在投资时就已明确较为具体的数额；投资者出资回报数额的多少并未在投资时确定下来，而是取决于企业税后净利润的多少以及企业利润分配的政策。因此，企业与债权人之间的财务关系属于债务与债权的关系。

（三）企业与受资者之间的财务关系

企业可以将生产经营中闲置的资金投资于其他企业，形成对外股权性投资。企业向外单位投资应当按照合同、协议的规定，按时、足额地履行出资义务，以取得相应的股份从而参与被投资企业的经营管理和利润分配。被投资企业受资后必须将实现的税后利润按照规定的分配方案在不同的投资者之间进行分配。企业与被投资者之间的财务关系表现为所有权性质上的投资与受资关系。

（四）企业与债务人之间的财务关系

企业与债务人之间的财务关系主要是指企业将资金通过购买债券、提供借款或商业信用等形式出借给其他单位而形成的经济利益关系。企业将资金出借后，有权要求债务人按照事先约定的条件支付利息和偿还本金。企业与债务人之间的财务关系体现为债权与债务的关系。

（五）企业与政府之间的财务关系

企业从事生产经营活动所取得的各项收入应按照税法的规定依法纳税，从而形成企业与国家税务机关之间的财务关系。在市场经济条件下，任何企业都有依法纳税的义务，以保证国家财政收入的实现，满足社会公共需要。因此，企业与国家税务机关之间的财务关系体现为企业在妥善安排税收战略筹划的基础上依法纳税和依法征税的权利、义务关系，是一种强制和无偿的分配关系。

（六）企业与内部各单位之间的财务关系

企业与内部各单位之间的财务关系是指企业内部各单位之间在生产经营各环节中相互提供产品或劳务等所形成的经济利益关系。在企业实行内部经济核算制和经营责任制的情况下，企业内部各单位、部门之间因为相互提供产品、劳务而形成内部交易结算。另外，企业内部各单位、部门与企业财务部门还会发生借款、报销、代收及代付等经济活动。这种在企业内部形成的资金结算关系，体现了企业内部各单位、部门之间的利益关系。

（七）企业与内部职工之间的财务关系

企业与内部职工之间的财务关系是指通过签订劳务合同向职工支付劳动报酬等所形成的经济关系。主要表现为：企业接受职工提供的劳务，并从营业所得中按照一定的标准向职工支付工资、奖金、津贴、养老保险、失业保险、医疗保险、住房公积金，并按规定提取公益基金。此外，企业还可根据自身发展的需要，为职工提供学习、培训的机会，为企业创造更多的收益。这种企业与职工之间的财务关系属于劳动成果上的分配关系。

因此，所谓财务管理就是指按照一定的原则，运用特定的量化分析方法，从价值角度出发，组织企业的财务活动，处理企业财务关系的一项经济管理工作，是企业管理的重要组成部分。

三、财务管理的特点

企业财务管理的特点，是企业财务管理特有的属性，是企业财务管理区别于其他经济管理的根本标志。错综复杂的企业生产经营活动包括生产管理、人力资源管理、设备管理、销售管理、物业管理和财务管理等各个方面。而各项管理工作之间又是相互联系、紧密配合的，在科学分类的基础上又有着各自独特的特点。现代企业财务管理具有以下两个主要特点。

（一）财务管理是一种价值管理

企业管理包括一系列专业管理活动，而这些活动有的侧重于使用价值管理，有的侧重于价值的管理，有的侧重于劳动要素的管理，有的侧重于信息的管理。在这些活动中，财务管理是针对企业的资金运动及其形成的财务关系所进行的管理，是从价值的角度对企业的经营活动进行的管理，这是区别于其他管理活动的根本性标志。

（二）财务管理是一种综合性管理

企业财务管理是通过价值形式，对企业的各种经济资源、生产经营过程、战略发展方向和经营成果进行合理配置、规划、协调和控制，提高企业的经营效率，并制定相应的财务政策，正确处理企业的各种财务关系，实施各项财务决策，提高企业的经济效益，使企业的财富不断增加。因此，财务管理既是企业管理工作的一个重要组成部分，又是一项综合性很强的管理工作。

第二节　财务管理的目标

正确的财务目标是一个组织系统良性循环的前提条件，企业合理的财务管理目标对企业财务管理系统的运行同样具有重要意义。

一、企业目标

企业是营利性组织，其运营的出发点和归宿大多是为了获利。企业生产经营的目标总体来讲，是生存、发展和获利。不同层次的企业目标对财务管理提出了不同要求。

（一）生存

生存是获利的前提条件，企业只有生存才能获利。企业是在市场中生存的，企业生存所处的市场按其交易对象可以划分为商品市场、金融市场、人力资源市场和技术市场等，企业在市场上求得生存必须满足一定的条件。

首先，企业生存最基本的条件是“以收抵支”。企业的资金周转在物质形态上表现为两方面：一方面，企业付出货币资金从市场上取得所需资源；另一方面，企业向市场提供商品或服务，并换回货币资金。企业为了维持生存，必须做到从市场上换回的货币资金至少要等于付出的货币资金，这样才能维持企业的长期存续。相反，若企业没有足够的支付能力，无法从市场上换回生产经营所需材料物资，则企业必然会萎缩，直到企业无法维持最低运营条件而被迫终止。倘若企业长期亏损，扭亏为盈无望，就失去了存在的意义，为避免进一步扩大损失，所有者应主动终止营运，这是导致企业终止营业的内在原因。

其次，即使企业当期有盈利，但是在企业资金周转过程中也可能由于某种原因导致资金周转困难而无法偿还到期债务。此时企业也可能无法生存下去，即企业生存的另一个基本条件是偿还到期债务，这是导致企业终止营业的直接原因。

因此，作为企业管理组成部分的财务管理，就应对企业的筹资环节、投资环节和资金运营环节进行有效管理，使企业拥有“以收抵支”和“偿还到期债务”的能力，减少企业的破产风险。

（二）发展

企业是在发展中获得生存的，企业如果仅仅维持简单再生产，将很难长久地在现代市场经济竞争条件下生存。在科技不断进步、竞争不断加剧、产品不断推陈出新的环境下，企业只有不断地改进生产工艺，开发研制出新产品，向市场提供更能满足消费者需求的商品，占据市场有利地位，形成自己的竞争优势，才能在市场中立足，实现企业生存并发展的经营管理目标。在市场经济中，任何经济资源的取得和运用都是要付出一定代价的，而货币资金则是对代价的最终结算手段。资金的投放、生产规模的形成、企业的运营等，都离不开资金。

因此，适时筹集企业发展所需资金，并合理有效地运用资金是企业管理目标对财务管理的又一个要求。

（三）获利

企业一般以盈利为目的，通过合法经营，给企业带来社会效益和经济效益。在经营过程中，公司的经营目标有许多，如扩大市场份额、提高所有者收入、减少环境污染、改善生产环境、改善职工福利等。获利是其中最具综合性的目标，不但体现了企业经营管理的出发点和归宿，而且可以反映出其他目标的实现程度。从财务角度看，获利是使产出资金大于初始投入资金。在市场中取得资金要付出代价即资本成本，每项资金的投放都应当遵循经济效益的原则，即财务管理人员对资金的运用都应当讲求经济效益，都应当以产出最大化的方式对资金加以运用。因此，企业获利的管理目标，要求财务管理要合理有效地运用资金，从而使企业获利。

当然，生存、发展和获利这三个企业管理目标是相互联系、密不可分的。它们要求财务管理做到筹集资金并有效地进行投放和使用。为了切实完成企业管理对财务管理的要求，在财务管理的过程中，不仅要对资金的取得和运用进行管理，而且要对生产、销售和利润分配的环节进行管理，从总体上实现企业目标对财务管理提出的要求。

二、财务管理的总体目标

企业财务管理的总体目标既要与企业生存和发展的目的保持一致，又要直接、集中地反映财务管理的基本特征，体现财务活动的基本规律。根据现代企业财务管理理论和实践，最具有代表性的财务管理目标主要有以下几种观点。

（一）利润最大化

利润是企业在一定期间内全部收入和全部成本费用的差额，它反映了企业在当期经营活动中投入与产出对比的结果，在一定程度上体现了企业经济效益的高低。利润既是资本报酬的来源，又是提高企业职工劳动报酬的来源，同时又是企业增加资本公积、扩大经营规模的源泉①。在市场经济条件下，利润的高低决定着资本的流向。企业获取利润的多少表明企业竞争能力的大小，决定着企业的生存和发展。因此，以追逐利润最大化作为财务管理的目标，有利于企业加强管理，增加利润，且这种观点简单明了，易于理解。

这里所指的利润是指企业一定时期实现的利润总额，利润最大化目标在实践中存在着如下难以解决的问题：它没有考虑资金时间价值，没有反映创造的利润与投入的资本之间的关系，因而不利于不同资本规模的企业或同一企业不同时期之间的比较；没有考虑风险因素，高额利润往往要承担过大的风险；片面追求利润最大化，可能导致企业短期行为，如忽视产品开发、人才开发、生产安全、技术装备水平、生活福利设施和履行社会责任等。

（二）资本利润率最大化或每股利润最大化

资本利润率是企业在一定时期的税后净利润额与资本额的比值。每股利润（称

---

① 邹娅玲，肖梅崚. 财务管理［M］. 重庆：重庆大学出版社，2021.

每股盈余）是一定时期净利润与普通股股数的比值。这种观点认为，每股盈余将收益和企业的资本量联系起来，体现资本投资额与资本增值利润额之间的关系。以资本利润率最大化或每股利润最大化作为财务管理目标，可以有效地克服利润最大化目标的缺陷，能反映出企业所得利润额同投入资本额之间的投入产出关系，能科学地说明企业经济效益水平的高低，能在不同资本规模企业或同一企业不同时期之间进行比较。但该指标同利润最大化目标一样，仍然没有考虑资金时间价值和风险因素，也不能避免企业的短期行为。

（三）企业价值最大化

企业价值是通过市场评价而确定的企业买卖价格，是企业全部资产的市场价值，它反映了企业潜在或预期的获利能力。投资者之所以创办企业，是为了使其投入的资本保值、增值，创造尽可能多的财富。这种财富不仅表现为企业实现的利润，而且表现为企业全部资产的价值。如果企业利润增多了，资产反而贬值，则潜伏着暗亏，对投资者来讲风险很大。相反，如果企业资产价值增多了，生产能力提高了，则企业将具有长久的盈利能力，抵御风险的能力也会增强。因此，企业财务管理就应该站在投资者的立场来考虑问题，努力使投资者的财富或企业的市场价值达到最大，以企业价值最大化作为财务管理目标，更为必要和合理。投资者在评价企业价值时，是以投资者预期投资时间为起点的，并将未来收入按预期投资时间的同一口径进行折现，未来收入的多少根据可能实现的概率进行计算，可见，这种计算办法考虑了资金的时间价值和风险问题。企业所得的收益越多，实现收益的时间越近，应得的报酬越是确定，则企业的价值或股东财富越大。

企业价值最大化目标的优点表现为以下四个方面：该目标考虑了资金的时间价值和投资的风险价值，有利于统筹安排长短期规划、合理选择投资方案、有效筹措资金、合理制定股利政策等；该目标反映了对企业资产保值、增值的要求，从某种意义上说，股东财富越多，企业市场价值就越大，追求股东财富最大化的结果可促使企业资产保值或增值；该目标有利于克服管理上的片面性和短期行为；该目标有利于社会资源合理配置，社会资金通常流向企业价值最大化的企业或行业，有利于实现社会效益最大化。

同时，企业价值最大化目标在实践中也存在以下不足：对于上市企业，虽然通过股票价格的变动能够揭示企业价值，但是股价是多种因素影响的结果，特别是即期市场上的股价不一定能够直接反映企业的获利能力，只有长期趋势才能反映这一点；由于现代企业采用“环形”持股的方式，即相互投资、相互持股，其目的是控股或稳定购销关系，因此，法人股东对股票市价的敏感程度远不及个人股东，使其对股价最大化目标没有足够的兴趣；对于非上市企业，只有对企业进行专门的评估才能真正确定其价值，而在评估企业的资产时，由于受评估标准和评估方式的影响，这种估价不易做到客观和准确，这也导致企业价值确定的困难。

尽管企业价值最大化目标存在着诸多不足，并不是一个完美的财务管理目标，但其可以克服利润最大化或每股收益最大化等目标的一些致命缺陷，在现有条件下，在理论上是相对合理和完善的。

三、财务管理的具体目标

财务管理的具体目标是为实现财务管理的总体目标而确定的企业各项具体财务活动所要达到的目的。其具体可以概括为以下几个方面。

（一）筹资管理的目标

企业要在筹资活动中贯彻财务管理总目标的要求，包含以下两方面的含义：

首先，必须以较小的筹资成本获取同样多或较多的资金。企业的筹资成本包括利息、股利（或利润）等向出资者支付的报酬，也包括筹资中的各种筹资费用，企业应降低筹资过程中的各种费用，尽可能使利息、股利（或利润）的付出总额降低，即可增加企业的总价值。

其次，企业必须以较小的筹资风险获取同样多或较多的资金。筹资风险主要是到期不能偿债的风险，企业降低这种风险，会使内含于企业价值中的风险价值相对增加。

综合上述两点，企业筹资管理的具体目标是在满足生产经营需要的情况下，以较小的筹资成本和较小的筹资风险获取同样多或较多的资金。

（二）投资管理的目标

企业要想在投资活动中贯彻财务管理总目标的要求，应做到以下两点。

首先，必须使投资收益最大化。企业的投资收益始终与一定的投资额和资金占用量相联系，企业投资报酬越多，意味着企业的整体获利能力越高，也会在两个方面对企业的价值产生影响：第一，企业已获得的投资收益会直接和实际地增加企业资产价值；第二，投资收益较高会提高企业的市场价值。

其次，由于投资会带来投资风险，所以企业还应该降低投资风险。投资风险是指投资不能收回的风险，企业降低这种风险，也会使内含于企业价值中的风险价值相对增加。

因此，企业投资管理的具体目标是以较小的投资额和较低的投资风险，获取同样多或者较多的投资收益。

（三）营运资金管理的目标

企业的营运资金是为满足企业日常营业活动的要求而垫支的资金。营运资金的周转与生产经营周期具有一致性。在一定时期内资金周转越快，就可以利用相同数量的资金，生产出更多的产品，取得更多的收入，获得更多的报酬。因此，企业营运资金管理的目标是合理使用资金，加速资金周转，不断提高资金的利用效率。

（四）利润分配管理的目标

企业分配管理的具体目标是合理确定利润的留存比例及分配形式，以提高企业潜在的收益能力，从而提高企业总价值。分配就是将企业取得的收入和利润，在企业与相关利益主体之间进行分割。这种分割不仅涉及各利益主体的经济利益，而且涉及企业的现金流出量，从而影响企业财务的稳定和安全性。同时由于这种分割涉及各利益主体经济利益的多少，不同的分配方案也会影响企业的价值。如果企业当期分配较多的利润给投资者，将会提高企业的即期市场评价，但由于利润大部分被分配，企业会出现即期现金不够，或缺乏发展，或缺少积累资金，从而影响企业未来的市场价值。

四、财务管理目标的协调

科学的财务管理目标，必须分析影响财务管理目标的利益集团，即企业所有者、债权人和政府和企业职工等方面。股东和债权人都为企业发展提供了必要的财务资源，但是他们处在企业之外，只有经营者即管理当局在企业中直接从事财务管理工作。股东、经营者和债权人之间构成了企业最重要的财务关系。企业是所有者即股东的企业，企业财务管理的目标也是股东的目标。股东委托经营者代表他们管理企业，为实现他们的目标而努力，但经营者和股东的目标并不完全一致。债权人把资金借给企业，并不是为了“股东财富最大化”，与股东的目标也不一致。公司必须协调经营者、股东和债权人这三方面的冲突，才能实现“股东财富最大化”的目标。企业财务活动所涉及的不同利益主体如何进行协调，是实现财务管理目标过程中必须解决的问题。

（一）所有者与经营者之间

企业价值最大化直接反映了企业所有者的利益，与企业经营者没有直接的利益关系。对所有者而言，经营者所得的利益正是其所放弃的利益，在经济学中这种放弃的利益称为经营者的享受成本。因此，经营者和所有者的主要矛盾表现在经营者希望在提高企业价值和股东财富的同时，能更多地增加享受成本，而所有者和股东则希望以较小的享受成本提高企业价值或股东财富。具体来讲表现为经营者的目标和经营者对股东目标的背离两个方面。

1. 经营者的目标

在股东和经营者分离以后，股东的目标是使企业财富最大化，其千方百计要求经营者以最大的努力去完成这个目标。经营者是最大合理效用的追求者，其具体行为目标与委托人不一致。他们的目标主要表现为以下三点：

（1）增加报酬。包括物质和非物质的报酬，如工资、奖金、荣誉和社会地位等。

（2）增加闲暇时间。包括较少的工作时间、工作时间里较多的空闲和有效工作时间中较小的劳动强度等。

上述两个目标之间有矛盾，增加闲暇时间可能减少当前或将来的报酬，努力增加报酬会牺牲闲暇时间。

（3）规避风险。经营者努力工作可能得不到应有的报酬，他们的行为和结果之间有不确定性，经营者总是力图避免这种风险，希望能得到与其劳动付出相匹配的报酬。

2. 经营者对股东目标的背离

经营者的目标和股东不完全一致，经营者有可能为了自身的目标而背离股东的利益。这种背离表现以下两个方面。

（1）道德风险。经营者为了自身的目标，可能不会尽最大努力去实现企业财务管理目标。因为股价上涨的好处将归于股东，如若失败，经营者的“身价”将下跌，所以他们没有动力为提高股价而冒险。

（2）逆向选择。经营者为了私利而背离为股东创造价值的目标。例如：装修豪华的办公室，购买高档汽车等；借工作之便乱花股东的钱；蓄意压低股票价格，以自己的名义借款买回，导致股东财富受损，自己却从中牟利。

为解决这一矛盾，应让经营者的报酬与绩效相关联，并辅以下监督措施。

（1）解聘。通过所有者约束经营者，如果经营者决策失误，经营不力，未能采取有效措施使企业价值达到最大，就解聘经营者，经营者因担心被解聘而被迫去实现企业财务管理目标。

（2）接收。通过市场约束经营者，如果经营者经营不善，且未能采取一切有效措施使企业价值提高，该公司就可能被其他公司强行接收或吞并，相应地，经营者也会被解聘。因此，经营者为了避免这种接收情况出现，必将采取一切措施提高股票市价。

（3）激励。把经营者的报酬同其绩效挂钩，让经营者更愿意自觉地采取能满足企业价值最大化的措施。激励有两种方式：第一种是“股票期权”方式（即“股票选择权”），它允许经营者以固定的价格购买一定数量的公司股票，股票的价格高于固定价格越多，经营者所得到的报酬就越多，经营者为了尽可能多地获取股票上涨带给自己的利益，就必然主动采取能够提高股价的行为；第二种是“绩效股”方式，它是公司运用每股收益、资产报酬率等指标来评价经营者的业绩，按其业绩大小给予经营者数量不等的股票作为报酬。如果公司的经营业绩未能达到规定目标，经营者也将部分丧失原先持有的“绩效股”。这种方式使经营者不仅为了多得“绩效股”而不断采取措施提高公司的经营业绩，而且为了实现每股市价最大化将会采取各种措施使股价趋于上升。当然，不管采取哪一种措施，均不能完全消除经营者背离股东目标的行为，且采取任何一种措施，所有者都必须付出一定的代价，有时代价会很大。监督成本、激励成本和偏离股东目标的损失之间此消彼长，相互制约。股东要权衡轻重，力求找出能使三项之和最小的解决办法，也是最佳的解决办法。

（二）所有者与债权人之间

当公司向债权人借入资金后，两者也形成一种委托代理关系。所有者的财务目标与债权人期望实现的目标是不一致的。首先，所有者可能未经债权人同意，要求经营者将资金投资于比债权人预计风险要高的项目，使偿债风险加大，债权人的负债价值必然会降低。若高风险的项目一旦成功，额外的利润就会被所有者独享，但如果项目失败，债权人却要与所有者共同负担由此造成的损失。这对债权人来说风险和收益是不对称的。其次，所有者或股东可能在未征得现有债权人同意的情况下，发行新债券或举借新债，因为相应的偿债风险增加，致使原债务价值降低。

所有者与债权人的上述矛盾可通过以下方式协调解决：

第一，限制性借款，即通过对借款的用途限制、借款的担保条款和借款的信用条件来防止和约束股东利用上述两种方法削弱债权人的债权价值。

第二，收回借款，不再借款。当债权人发现公司有侵蚀其债权价值的意图时，应收回债权或不给予公司重新放款，从而保护自身的权益。

（三）所有者与社会公众之间

企业总是存在于一定的社会关系之中，它除了与经营者和债权人之间有密切的财务关系外，还必然会与其他相关利益者（如员工、政府、消费者、供应商及竞争对手等）发生各种各样的关系。这就会产生企业是否需要承担社会责任，如何承担社会责任的问题。企业所需要承担的社会责任与企业价值最大化目标有一致的一面，例如：为使股价最大化，企业必须生产出符合市场需要的产品，必须不断地开发新产品，降低产品成本，提高产品质量，增加投资，扩大生产规模，提供高效、优质的服务等，而当企业采取这些措施时，整个社会必将因此而受益。另外，企业适当从事某些社会公益活动，承担一定的额外社会责任，虽然从短期来看增加了企业的成本，但却有助于改善和增强企业的社会形象与知名度，使企业股票和债券的需求增加，从而使股价提高，这无疑是符合股东的最大利益的。

但是，社会责任与企业价值最大化的目标又存在着不一致的一面。例如：企业为了获利，可能生产伪劣产品；可能不顾工人的健康和利益；可能造成环境污染；可能损害其他企业的利益等。当企业存在这些行为时，社会利益将因此而受损。同时，企业承担过多的社会责任，必然会增加成本，降低每股收益，从而导致股价降低，减少股东的财富。

为解决这一矛盾，可以采取以下方式：

第一，使用法律法规。股东只是社会的一部分，他们在谋求自身利益的同时，不应损害他人的利益。政府要保证所有公民的正当权益。为此，政府颁布了一系列保护公众利益的法律，如《中华人民共和国公司法》《中华人民共和国反不正当竞争法》《中华人民共和国环境保护法》《中华人民共和国合同法》《中华人民共和国消费者权益保护法》和有关产品质量的法规等，依此调节股东和社会公众的利益冲突。

第二，利用舆论监督。法律因其滞后性而不可能解决所有问题，特别是在法律不健全的情况下，企业可能在合法的情况下从事不利于社会的事情。因此，企业除了要在遵守法律的前提下去追求企业价值最大化的目标之外，还必须受到道德的约束，接受政府以及社会公众的监督，进一步协调企业与社会的关系。

第三节 财务管理的原则

一、货币时间价值原则

货币时间价值是客观存在的经济范畴，它是指货币经历一段时间的投资和再投资所增加的价值。从经济学的角度看，即使在没有风险和通货膨胀的情况下，一定数量的货币资金在不同时点上也具有不同的价值。因此在数量上货币的时间价值相当于没有风险和通货膨胀条件下的社会平均资本利润率。比如今天的一元钱要大于将来的一元钱。货币时间价值原则在财务管理实践中得到广泛的运用。长期投资决策中的净现值法、现值指数法和内含报酬率法，都要运用到货币时间价值原则。筹资决策中比较各种筹资方案的资本成本、分配决策中利润分配方案的制订和股利政策的选择，营业周期管理中应付账款付款期的管理、存货周转期的管理、应收账款周转期的管理等，都充分体现了货币时间价值原则在财务管理中的具体运用。

二、资金合理配置原则

企业拥有一定数量的资金，是企业进行生产经营活动的必要条件，但任何企业的资金总是有限的。资金合理配置是指企业在组织和使用资金的过程中，应当使各种资金保持合理的结构和比例关系，保证企业生产经营活动的正常进行，使资金得到充分有效的运用，并从整体上取得最大的经济效益。在企业的财务管理活动中，资金的配置从筹资的角度看表现为资本结构，具体表现为负债资金和所有者权益资金的构成比例，长期负债和流动负债的构成比例，以及内部各具体项目的构成比例，以及各种资产内部的结构比例。企业不但要从数量上筹集保证其正常生产经营所需的资金，而且必须使这些资金保持合理的结构比例关系。从投资或资金的使用角度看，企业的资金表现为各种形态的资产，各形态资产之间应当保持合理的结构比例关系，包括对内投资和对外投资的构成比例，以及各种生产内部的结构比例。对内投资中，流动资产投资和固定资产投资的构成比例、有形资产和无形资产的构成比例、货币资产和非货币资产的构成比例等；对外投资中，债权投资和股权投资的构成比例、长期投资和短期投资的构成比例等。这些资金构成比例的确定，都应遵循资金合理配置原则。

三、成本效益原则

成本效益原则是指企业在成本管理中，将花费的成本与所取得的效益进行对比，使效益大于成本，产生“净增效益”。成本效益原则贯穿于企业的全部财务活动中。企业在筹资决策中，应将所发生的资本成本与所取得的投资利润率进行比较；在投资决策中，应将与投资项目相关的现金流出与现金流入进行比较；在生产经营活动中，应将所发生的生产经营成本与其所取得的经营收入进行比较；在不同备选方案之间进行选择时，应将所放弃的备选方案预期产生的潜在收益视为所采纳方案的机会成本，与所取得的收益进行比较。在具体运用成本效益原则时，应避免“沉没成本”对企业决策的干扰。“沉没成本”是指已经发生、不会被以后的决策改变的成本。因此，企业在做各种财务决策时，应将其排除在外。

四、风险——报酬均衡原则

风险与报酬是一对孪生兄弟，形影相随，投资者要想取得较高的报酬，就必然要冒较大的风险，而如果投资者不愿承担较大的风险，就只能取得较低的报酬。风险——报酬均衡原则是指决策者在进行财务决策时，必须对风险和报酬做出科学的权衡，使所冒的风险与所取得的报酬相匹配，达到趋利避害的目的。在筹资决策中，负债资本成本低、财务风险大，权益资本成本高、财务风险小。企业在确定资本结构时，应在资本成本与财务风险之间进行权衡。任何投资项目都有一定的风险，在进行投资决策时必须认真分析影响投资决策的各种可能因素，科学地进行投资项目的可行性分析，在考虑投资报酬的同时考虑投资的风险。在具体进行风险与报酬的权衡时，由于不同的财务决策者对风险的态度不同，有的人偏好高风险、高报酬，有的人更喜欢低风险、低报酬，但每一个人都会要求风险和报酬相对等，不会去冒没有价值的无谓风险。

五、收支积极平衡原则

财务管理实际上是对企业资金的管理，量入为出、收支平衡是对企业财务管理的基本要求。资金不足，会影响企业的正常生产经营，错失良机，严重时，会影响到企业的生存；资金多余，会造成闲置和浪费，给企业带来不必要的损失。收支积极平衡原则要求企业一方面要积极组织收入，确保生产经营和对内、对外投资对资金的正常合理需要；另一方面，要节约成本费用，压缩不合理开支，避免盲目决策。保持企业一定时期资金总供给和总需求动态平衡和每一时点资金供需的静态平衡。要做到企业资金收支平衡，在企业内部，要增收节支，缩短生产经营周期，生产适销对路的优质产品，扩大销售收入，合理调度资金，提高资金利用率；在企业外部，要保持同资本市场的密切联系，加强企业的筹资能力。

六、利益关系协调原则

企业是由各种利益集团组成的经济联合体。这些经济利益集团主要包括企业的所有者、经营者、债权人、债务人、国家税务机关、消费者、企业内部各部门和职工等。利益关系协调原则要求企业协调、处理好与各利益集团的关系，切实维护各方的合法权益，将按劳分配、按资分配、按知识和技能分配、按业绩分配等多种分配要素有机结合起来。只有这样，企业才能营造一个内外和谐的发展环境，充分调动各有关利益集团的积极性，最终实现企业价值最大化的财务管理目标。

第四节　财务管理的方法

财务管理方法是为了实现财务管理目标，完成财务管理任务，在进行财务活动时所采用的各种技术和手段。财务管理方法有很多，可按多种标准进行分类。

（1）根据财务管理的具体内容，可以分为资金筹集方法、投资管理方法、营运资金管理方法、利润及其分配管理方法；

（2）根据财务管理方法的特点，可分为定性财务管理方法和定量财务管理方法；

（3）根据财务管理的环节，可分为财务预测方法、财务决策方法、财务计划方法、财务控制方法和财务分析方法。

下面就以财务管理环节为依据，阐述各种财务管理方法以及相互之间的关系。

一、财务预测

财务预测是财务人员根据历史资料，依据现实条件，运用特定的方法对企业未来的财务活动和财务成果所做出的科学预计和测算。

只有对企业未来的财务状况进行科学预测，在此基础上才能作出科学的财务决策，编制出切实可行的财务计划。因此，财务预测是财务决策的基础，是编制财务计划的前提。

财务预测工作通常包括以下四个方面：

（1）要明确预测目的，只有目的明确才能有针对性地搜集资料，采取相应的方法进行预测；

（2）要收集和整理相关资料，必须根据预测目的搜集相关资料，并进行归类、汇总、调整，以便利用这些资料进行科学预测；

（3）建立适当的预测模型，以进行合理预测；

（4）利用预测模型，进行预测，提出预测值。

财务预测方法有很多种，具体可以分为两大类：一类是定性预测方法，即利用相关资料，依靠个人经验的主观判断和综合分析能力，对事物未来的状况和趋势做出预测的方法；另一类是定量预测方法，即根据变量之间存在的数量关系建立数学模型来进行预测的方法，包括趋势预测法和因果预测法等①。趋势预测法是按时间顺序排列历史资料，根据事物发展的连续性来进行预测的一种方法，又称为时间序

① 张德富．关于外语经济学研究范畴的探讨［J］．经济研究导刊，2010（20）：257－259.

列预测法；因果预测法是根据历史资料，通过分析寻找出影响预测因素的其他相关因素，并确定两者的因果关系，建立数学模型来进行预测的方法。

二、财务决策

财务决策是指财务人员按照财务目标的总体要求，利用专门方法对各种备选方案进行比较分析，并从中选出最佳方案的过程。管理的核心是决策，财务决策是财务管理的核心。

财务决策通常包括以下几个具体步骤：

(1) 确定决策目标；

(2) 设计并提出备选方案；

(3) 分析比较各种方案，选择最佳方案。

常见的财务决策方法包括以下方面内容：

(1) 优选对比法，是把各种不同方案排列在一起，按其经济效益的好坏进行优选对比，进而作出决策的方法。优选对比法是财务决策的基本方法。优选对比法按其对比方式的不同，又可分为总量对比法、差量对比法、指标对比法等。

①总量对比法，是将不同方案的总收入、总成本或总利润进行对比，以确定最佳方案的一种方法。

②差量对比法，是将不同方案的预期收入之间的差额与预期成本之间的差额进行比较，求出差量利润，进而作出决策的方法。

③指标对比法，是把反映不同方案经济效益的指标进行对比，以确定最优方案的方法。例如：在进行长期投资决策时，可把不同投资方案的净现值、内含报酬率、现值指数等指标进行对比，从而选择最优方案。

(2) 线性规划法，是根据运筹学的原理，对具有线性联系的极值问题进行求解，进而确定最优方案的方法。

(3) 微分法，是根据边际分析原理，运用数学上的微分方法，对具有曲线联系的极值问题进行求解，进而确定最优方案的方法。在用数学微分法进行决策时，凡以成本为判别标准，一般是求极小值；凡以收入或利润为判别标准时，一般是求极大值。在财务决策中，最优资本结构决策、现金最佳余额决策、存货的经济批量决策都要用到数学微分法。

(4) 决策树法，是风险决策的主要方法。决策面对的是未来，如果一个方案未来可能出现几种结果，并且各种结果及其概率可以预知，这种决策便是风险决策。风险决策必须用概率计算各个方案的期望值和标准离差，并把各个概率分枝用树型图表示出来，因此，风险决策又称之为决策树法。

（5）损益决策法，它包括最大最小收益值法和最小最大后悔值法，是不确定性决策的一种主要方法。如果一个方案未来可能出现几种结果，但各种结果发生的概率是不可预知的，这种决策便是不确定性决策。最大最小收益值法又称小中取大法，是把各个方案的最小收益值都计算出来，然后取其最大值。最小最大后悔值法又称大中取小法，是把各个方案的最大损失值都计算出来，然后取其最小值。

决策者作为“理性的人”或“经济的人”，在决策时他们受“最优化”的行为准则支配，选择方案时应当是选择“最优”方案，但由于决策者在认识能力和时间、成本、情报来源等方面的限制，他们在决策时，有时不能坚持要最理想的结果，常常只能满足于“令人满意”的决策。

三、财务计划

财务计划是指运用科学的技术手段和数量方法，对企业未来财务活动的内容及指标所进行的具体规划，如定额流动资金及其来源计划、成本费用计划、利润计划等。财务计划是以财务决策确定的方案和财务预测提供的信息为基础编制的，是财务预测和财务决策的具体化，是控制财务活动的依据。以货币表示的具体财务计划即为财务预算。

财务计划是财务管理的重要工具。它既是财务管理所希望达到的目标，同时也是财务控制的依据和作为财务分析考核的标准。

财务计划编制的一般程序如下：

（1）根据财务决策的要求，分析主观、客观条件，制定出主要的计划指标。

（2）对需要和可能进行协调，组织综合平衡。

（3）运用各种财务计划编制方法，编制财务计划。

财务计划的编制过程就是企业根据财务决策的要求，通过综合平衡，确定财务计划指标的过程。确定财务计划指标的具体方法包括平衡法、因素分析法、比例计算法、定额法等。平衡法是指利用有关指标之间的平衡关系来确定预算指标的一种方法，例如：可依据“期初结存＋本期增加－本期减少＝期末结存”的平衡公式，来计算、确定期末存货所占用的资金；因素分析法是根据某些指标的历史发展趋势，结合计划期的变化因素来确定预算指标的一种方法，如可比产品的成本降低额、降低率、管理费用预算等都可以采用这种方法；比例计算法是根据过去已经形成而又比较稳定的各项指标之间的比例关系，来确定有关预算指标的一种方法，如依据资产负债率和资产增加额可确定负债增加额等；定额法是指在编制财务计划时，以定额作为预算指标的一种方法，又称预算包干法。

财务预算的表现形式有固定预算与弹性预算、增量预算与零基预算、定期预算与滚动预算等。固定预算是对费用项目根据计划期一定的业务量水平为基础来确定其预算的金额，固定预算的缺点是每当实际发生的业务量与编制预算时所根据的业务量发生差异时，各费用项目的实际数与预算数就没有可比基础。弹性预算是在编制费用预算时，预先估计到计划期间业务量可能发生的变动，编制出一套能适应多种业务量的费用预算，以便分别反映在业务量的情况下所应开支的费用水平。增量预算一般都是以基期的各种费用项目的实际开支数为基础，然后结合计划期间可能会使该费用项目发生变动的有关因素，从而确定在计划期应增减的数额。零基预算是不考虑基期的费用开支水平，而是一切以零为起点，依据各个费用项目的必要性及其开支规模进行预算。定期预算是固定以一年为期的预算，其优点是便于把实际数与预算数进行对比，有利于对预算的执行情况进行分析和评价；其缺点是原来的预算难以适应新的、变化了的情况，容易导致管理人员缺乏长期打算。滚动预算是使预算期永远保持十二个月，每过一个月，立即在期末增列一个月的预算，逐期向后滚动。

四、财务控制

财务控制是在财务管理过程中，以财务预算或财务计划为依据，利用有关信息和手段，对企业财务活动进行适时的调节，以确保财务目标的实现。

从财务控制的类型上看，主要有三种方法：

（1）防护性控制，又称排除干扰控制。它是指在财务活动发生前，就通过制定和执行一系列制度和规定，把可能产生的差异或目标的偏离予以排除的一种控制方法。例如：企业建立费用开支范围、标准和相应的审批权限等制度，以规范和节约各种费用开支。

（2）前瞻性控制，又称补偿干扰控制。它是指通过对实际财务系统运行的监视，在掌握大量信息的基础上，运用科学方法预测可能出现的偏差，并及时采取一定的预防措施，使差异得以消除的一种控制方法。例如：为保持企业的偿债能力，应经常注意观察企业有关财务比率的现状，如流动比率、速动比率、现金比率和资产负债率等，研究其发展趋势，适时采取具有前瞻性的调整措施，以便这些财务比率经常保持在一个比较合适的水平上。

（3）反馈控制，又称平衡偏差控制。它是通过对实际财务系统运行的监控，当发现实际与预算之间的差异后，认真分析并确定差异产生的原因，采取相关措施，调整实际财务活动或调整财务预算，使差异得以消除或避免今后再出现类似差异的一种控制方法。

在财务控制中，反馈控制是经常使用的控制方法，因为实际财务活动偏离财务预算是企业经常发生的现象。这些现象的产生可能源于财务预测或财务决策的偏差，也可能源于有些影响企业财务活动的因素事前根本无法预计或无法准确预计。因此，平衡偏差是财务控制中经常要做的一项工作。

从财务控制的过程上看，上述三种方法也可以表述为事前控制、事中控制和事后控制。

五、财务分析

财务分析是根据会计核算信息和其他相关信息，运用特定方法，对企业财务活动的过程及其结果进行分析和评价，以进一步获取财务管理信息的一项工作。通过财务分析，可以深入了解和评价企业的财务状况、经营成果；掌握企业各项财务预算指标的完成情况，查找企业管理中存在的问题并提供解决问题的对策。常用的财务分析方法有以下几种。

（1）对比分析法，又称比较分析法。它是将同一指标进行不同方面的对比，以分析和评价企业财务状况和经营成果的一种方法。具体可以采取三种对比的形式：

①实际指标与预算指标的对比，以揭示预算的完成情况；

②同一指标的横向对比，以揭示该企业在同行业中所处的地位；

③同一指标的纵向对比，以反映企业某一方面的发展趋势。

（2）比率分析法。它是将互相联系的财务指标进行对比，以构成一系列财务比率，用来分析和评价企业财务状况和经营成果的一种方法。具体有以下四种形式：

①反映相关关系的比率。在财务分析中，将两个性质不同但又互相联系的指标进行对比，计算比率，用以深入反映企业的财务状况、经营成果和管理效率等情况。

②反映构成关系的比率。在财务分析中，经常将总体中的有关组成部分的指标与总体指标进行对比，计算比率，用以深入反映企业财务活动中的有关情况。同时，也可以将总体中的各个组成部分，拿出来进行互相对比，用以反映某一总体内部的比例关系。

③反映对应关系的比率。在财务分析中，将两个不属于同一类，但它们之间存在相互适应和相对平衡等对应关系的指标，进行对比，计算比率，用以反映和评价企业某些财务关系的合理性程度。

④反映发展变化的动态比率。它是将同一指标的不同时期的数值进行对比，计

算比率，用以反映某些方面的财务活动的动态变化情况和变化程度。

（3）综合分析法。它是结合多种财务指标、综合考虑影响企业财务状况和经营成果的各种因素的一种分析方法。企业一定的财务状况和经营成果，是影响企业经营的内外部诸多因素共同作用的结果。单一指标和单一因素的分析，有助于了解和评价企业财务状况和经营成果的某些侧面；而如果想要比较全面地了解和评价企业的财务状况、经营成果，则综合分析法就是一种合适的选择。综合分析法主要包括财务比率综合分析法和杜邦分析法两种。

六、财务管理各方法之间的关系

财务管理的核心是财务决策。财务预测是为财务决策服务的，是决策和预算的前提；财务决策是在财务预测的基础上作出的；财务预算是财务决策的具体化，是以财务决策确立的方案和财务预测提供的信息为基础编制的，同时它又是控制财务活动的依据；财务控制是落实计划任务，保证财务预算实现的有效措施；财务分析可以掌握各项财务预算的完成情况，评价财务状况，以改善财务预测、决策、计划和控制工作，提高管理水平。财务分析既是对前期工作的总结和评价，同时又是对下期工作的经验指导或警示，在财务管理方法中起着承上启下的作用，随着财务管理的持续进行，正是因为财务分析的存在，才使财务预测、决策、预算、控制、分析首尾相接，形成财务管理循环。

第五节　财务管理的环境

财务管理环境是指对企业财务活动产生影响作用的外部条件或影响因素。财务管理环境是企业进行财务管理难以改变的外部约束条件，这就要求企业的财务管理应不断地适应其环境的变化和要求。影响企业财务管理的环境范围广泛，且错综复杂，不断变化。对企业财务管理有着直接和重要影响的主要是企业组织形式、企业财务环境、宏观经济环境、金融市场环境和经济法律环境。

本节在简单介绍企业组织形式后，着重探索企业在外部环境的影响下，如何适应环境的变化，变不利为有利，从而提高企业生存和发展的能力。

一、企业组织形式

企业组织形式是影响企业财务管理的重要环境因素。企业组织形式的不同，决定着企业的财务结构、财务关系、财务风险及所采取的财务管理方式的差异。企业在选择一定的组织形式以后，必须根据该种组织形式的特征进行财务管理。企业组织形式可以按不同的标志分类，一般情况下企业组织形式可分为：独资企业、合伙企业和公司制企业三种形式。

（一）独资企业

独资企业是指由一个自然人出资并拥有全部资产、独自经营并对债务承担无限责任的企业。独资企业是一种最简单、最普通的企业组织形式，一般规模都比较小。独资企业的主要优点有：设立的手续简便，开办条件低，法律限制少；享受所得税优惠待遇，企业收益作为投资者个人的收益按个人所得税税率纳税；投资者与经营者合为一体，经营方式灵活，财务决策迅速。尽管独资企业具有这些优点，但独资企业却不是现代企业的主要组织形式，这是因为它还有以下主要的缺点：

（1）筹资渠道有限。正常情况下，独资企业只有两种筹资渠道，即用企业的利润再投资和由企业法人向外借款；而且由于规模小，财力有限，抵御风险的能力差，对债权人缺乏吸引力，即便向外借款也受到一定的限制，给企业筹资带来一定的难度。

（2）企业存续期有限。独资企业的存续期受企业法人寿命等的影响，当企业法人死亡、丧失民事行为能力或不愿继续经营时，独资企业也就相应终止。

（3）企业法人对企业债务承担无限责任。也就是说，债权人对企业债务的求偿权不仅包括企业的全部资产，也包括企业法人个人的全部财产。

独资企业的上述优缺点，决定了这种企业组织形式主要适合于规模小的零售、服务等行业。

（二）合伙企业

合伙企业是指由两个或两个以上投资人共同出资而设立的企业。合伙企业与独资企业在性质上很类似，除了出资人不止一个人以外，其他方面基本与独资企业相同。合伙企业与独资企业一样不缴纳企业所得税，而是将合伙企业的收益或亏损按比例分配给各合伙人，作为各合伙人的收入按个人所得税税率缴纳个人所得税。合伙企业又可以分为普通合伙企业和有限责任合伙企业。

在普通合伙企业里，所有的合伙人都承担无限责任，而且他们对合伙企业的债务负连带责任。合伙企业的合伙人之间可以签订正式的契约，也可以不签订正式的契约。如果没有签订正式的契约，每一合伙人将同等地享受企业收益和企业管理权。但大多数合伙企业都签订正式的合伙契约，并在契约中明确以下内容：每个合伙人的投资额、各个合伙人的权力、合伙企业的利润分配办法、吸收新合伙人的程序、在某个合伙人死亡或退出时合伙企业重组的程序等。

在有限责任合伙企业里，合伙人分为有限责任合伙人和无限责任合伙人。有限责任合伙人也必须出资，但他们承担的责任仅以其出资额为限，不对合伙企业的债务承担无限责任。无限责任合伙人不仅是企业的主要出资人，而且还要对企业债务承担无限责任。在有限责任合伙企业中，至少有一人是无限责任合伙人，他们承担企业的无限责任，并负责企业的经营管理；而有限责任合伙人一般不参与企业经营管理，从某种意义上，他们仅仅是企业的投资人，其盈亏比例由合伙契约规定。

相对于独资企业，合伙企业的最大优点是可以筹集更多的资金。由于合伙企业大多数签订正式的合伙契约，这使得合伙企业不会因为某个合伙人的死亡或退出而终止，从而使其经营更加灵活。而合伙企业在开办手续、享受所得税优惠待遇方面的优点基本与独资企业相同。合伙企业的缺点也基本类似于独资企业，即存续期有限、承担无限责任、难以筹集大量的资本等。

合伙企业中的合伙关系使得一大批人能够对企业共同投入资本和技能，从而组成具有规模的竞争性企业。这不仅是一种资本的集合，更重要的是在某些方面还具有经营和竞争优势。这也是那些资本要求不高的知识密集型行业，如律师事务所、会计师事务所、广告公司等采用合伙制的原因所在。

（三）公司制企业

公司是与所有者相分离、能独立地享有权利和承担责任的法律主体。公司制企业的主要特点是所有者与公司相分离，所有者只承担以出资额为限的有限责任，公司与所有者分别按其收入纳税。公司制企业主要可以分为股份有限公司和有限责任公司。

1. 股份有限公司

股份有限公司是指公司资本为股份所组成的公司，股东以其认购的股份为限对公司承担责任的企业法人，是将全部注册资本分为等额股份并通过发行股票方式筹集资本的法律主体。它是现代企业的一种主要组织形式。

股份有限公司具有以下特点：是独立于所有者的法律主体、股东只承担有限责任、股份容易转让和永续存在。

股份有限公司的上述特点决定了其在现代企业竞争中的优势。这些竞争优势主要表现在：

（1）股份有限公司可以筹集大量的资金，从而使其具有规模竞争优势；

（2）股份的流通和转让及股东的有限责任，降低了股东的投资风险；

(3) 所有权与经营权的分离，使股份有限公司可以进行专业化管理，从而发挥其管理优势。

但是，股份有限公司也有以下不足：

(1) 股份有限公司设立程序复杂，法律要求严格，且手续费、开办费较高；

(2) 公司作为独立的法人必须按其收入缴纳公司所得税，股东在税后分配的股利必须缴纳个人所得税，从而形成对公司利润的双重纳税。

2. 有限责任公司

有限责任公司是由五十个以下的股东出资设立出资，每个股东以其认缴的出资额为限对公司承担有限责任，公司是以其全部资产对其债务承担责任的企业法人。

有限责任公司股东只承担有限责任、是一个独立的法律主体、永续存在等方面的特点基本与股份有限公司相同。但有限责任公司的全部资本不分为等额股份，公司是根据投资人的出资额向其发放股权证书，股东是凭借股权证书分配公司收益。大多数有限责任公司一般采用集权式的管理方式，其规模要小于股份有限公司，股东人数也有一定的限额。有限责任公司作为独立的法人，也存在公司收益的双重纳税问题。

企业组织形式的不同对企业财务管理有重要影响。一定的企业组织形式决定了企业的财务关系、财务结构及财务管理方式。对于独资和合伙企业，由于企业的所有者同时也是企业的经营者，财务关系相对简单，企业经营完全可按所有者的利益进行，但所有者对公司风险要承担无限责任，所有者承担的风险也比较大。公司制企业的所有权与经营权相分离，构成了比较复杂的财务关系，尤其是股份有限公司，发行股票使公司与资本市场产生直接的关系，股票交易及价格的波动又直接影响了企业财务决策，而且这类公司的规模一般比较大，这就从多方面增大了企业财务管理的难度和复杂性。但是股份有限公司的显著优势使其成为现代企业重要的组织形式。现代公司财务管理的诸多理论一般都是针对股份有限公司展开研究的。

二、企业财务环境分析

环境是指某一事物赖以生存和发展的各种外部条件，或影响某一事物赖以生存和发展的各种外在因素。财务管理环境是指对企业财务活动具有直接或间接影响作用的外部条件。

(一) 财务环境的构成

企业财务环境的构成是复杂的。为了科学地进行分析和决策，可以从不同的角度进行观察。从企业经营要素来看，财务环境可由投资环境、筹资环境、劳动力环境、技术环境、信息环境、市场环境等方面组成；从企业活动的社会观点来看，企业财务环境可由投资者、债权人、消费者、政府部门、社会团体等方面构成。不同的财务目标，不同的决策要求，就要从不同的角度去分析财务管理环境。通常情况下，企业财务环境包括：经济环境、金融环境、法律环境和其他环境。

企业的财务环境大多是企业自身不可控的因素，对于不可控的因素，财务人员就必须认识其周围的财务管理环境，了解它们的发展变化，以更好地适应它们。对于可控因素要努力改造它们，为企业求得生存和发展的机会。

（二）财务管理环境的特征

（1）变动性。企业财务管理环境因素不断变化。有的是渐进的，变化比较缓慢，不易及时察觉和把握；有的是突变的，很快就会影响企业的生存和发展。地理环境变化相对比较缓慢，而经济因素，特别是市场因素变化就比较快。类似于这些因素的或慢或快的变化，有时会给企业的财务管理活动带来方便，有时可能又会带来麻烦。所以，企业领导及财务人员应当及时预测环境变化的趋势和特征，采取对策，调整财务活动。

（2）复杂性。企业的财务管理环境因素是多方面的、复杂的，既有经济、技术、文化等方面的因素，又有政治、社会方面的因素，这些因素综合地对企业财务管理发生影响并制约企业的财务管理行为。企业理财活动在复杂的环境因素中，有时受到直接影响，有时受到间接影响，企业领导及财务人员必须全面分析各种因素的影响，特别是着重分析那些影响重大的因素，做出科学的决策。

（3）交互性。构成财务管理环境的各种因素是相互依存、相互制约的，无论哪一个因素发生变化，都会直接或间接地引起其他因素的变化。例如：消费结构的变化会使市场需求变化，市场需求的变化会影响企业投资方向的变化，等等。这些相互作用、相互依存的关系，都会对企业理财活动产生连锁反应。

（4）不确定性。环境因素的变化，都是企业领导及财务人员事先难以准确预料并不能切实地加以控制的，凡是企业不能控制的因素，都构成企业财务管理环境的不确定性。如市场上各种生产要素的价格变动都将影响企业的成本和利润，这些环境的不确定性使企业既要根据所掌握的信息追求最大利益，又要考虑到现实条件的约束以及可能性，以实现期望得到的、虽不是最大却是最稳妥的利益。

三、宏观经济环境

影响企业财务管理的环境是多种多样的，由于财务管理活动是一项经济行为，所以企业财务管理环境最主要的还是经济环境，特别是宏观经济环境。企业财务管理的首要任务就是要及时发现宏观经济环境的变动情况，进而进行调整，以适应企业提高经济效益的要求。宏观经济环境主要包括国家产业政策、财政政策和货币政策等。

（一）产业政策

产业政策是国家有关产业结构、产业组织和产业技术调整的目标和政策体系。主要分为产业结构政策、产业组织政策和产业技术政策等。

1. 产业结构政策

产业结构政策是指影响产业结构变化的政策。它主要通过推动资源之间的有效配置来实现产业结构的合理化，使之不断向高度化发展。产业结构政策具体可分为基础产业结构政策（包括农业、能源、交通运输、通信、基础原材料等政策）、加工产业结构政策（包括加速支柱产业发展、扶持主导产业振兴、实现加工产业合理布局等政策）和第三产业结构政策（包括商业、旅游、金融、社会保障和社会服务业等政策）。

2. 产业组织政策

产业组织政策是指影响产业组织变化的政策。它主要通过促进要素的合理流动，实现各产业组织形式的最优化，以达到最佳规模经济效益。主要包括反垄断促进竞争政策、扶持中小企业发展政策和促进联合与兼并等政策。

3. 产业技术政策

产业技术政策是指引导或影响产业技术进步的政策。产业技术政策包括各产业的技术进步、科技人员培养及产业技术选择等政策。如不断发展“朝阳产业”，改造“夕阳产业”。

国家明确指出商业银行的资金运用要体现国家产业政策的要求，对限制发展的产业和产品，要严格控制贷款的发放；对国家明令禁止生产的产品，不得发放贷款。企业在筹资时，产业政策作为促进产业结构、产业组织、产业技术有序发展的政策体系，给现有企业指明宏观经济环境的变化方向，告诉企业哪些产业为鼓励发展产业，哪些产业为限制发展产业，哪些产业为将淘汰产业，从而为不同种类企业的发展提供了一个明确的目标。企业可根据这一线索再结合实际情况作出正确的财务管理决策。当一个企业处于被淘汰产业时，就要尽快进行资本转移，或是开发新产品，或是与其他企业合并，或是关闭清算。当一个企业处于鼓励发展的产业时，就要加速发展，达到最佳的经济规模。

（二）财政政策

财政政策是指国家根据一定时期的目标和任务而制定的指导财政分配活动和处

理各种财政分配关系的基本准则。其具体包括财政政策的类型、财政政策目标和财政政策工具三方面内容。

1. 财政政策的类型

财政政策分类繁多，根据不同角度可以划分不同种类。

（1）根据财政政策对总需求的不同影响，可把财政政策分为扩张性财政政策和紧缩性财政政策两种。扩张性财政政策是指为了刺激投资和消费，国家通过减少收入，扩大支出来增加社会总需求，以便对整个经济起推动作用，防止或延缓经济萎缩。采取的财政措施有：减少税收，减少上缴利润，扩大投资规模，增加财政补贴，实行赤字预算，发行公债，增加财政支出，从而刺激社会有效需求，促进经济的增长。紧缩性财政政策是指为了抑制投资和消费，国家通过增加财政收入，减少财政支出来降低社会总需求，以便对整个经济起到紧缩的作用，避免或缓解经济过热的出现。采取的财政措施有：开发新的税种和调高税率，提高国有企业上缴利润的比例，降低固定资产折旧率，缩小投资规模，削减财政补贴，压缩政府开支，减少财政支出，以实现盈余预算。

（2）根据财政政策对总供给的不同影响，可把财政政策分为刺激性财政政策和限制性财政政策。刺激性财政政策是通过倾斜性投资和财政利益诱导（如减免税等手段），重点扶持某些部门、行业的发展，以增加社会供给的财政政策。限制性财政政策是指通过各种财政工具（如提高税率等手段），限制某些部门、行业的发展，压缩局部过剩的财政政策。

2. 财政政策目标

财政政策目标是根据国家在一定历史时期的社会经济战略目标，或者国家在近期需要完成的社会经济发展的主要任务相应确定的财政目标。它在财政政策中具有决定意义和核心作用，是与国家中长期社会经济的发展战略目标相联系的政策目标，是财政政策的战略性目标（如经济增长、经济稳定、充分就业、稳定物价、国际收支平衡、公平分配、资源合理配置等）。而与此相关联的近期的财政行为准则，则是财政政策的近期目标或战术目标（如实现当前财政收支平衡等）。

3. 财政政策工具

财政政策工具是为了实现既定的财政政策目标而选择的具体途径或措施。财政政策的工具有很多种，其中主要的有以下五种。

（1）税收。税收是财政收入的主要来源。税收的政策功能主要表现在两个方面：一是特定经济发展水平下税收总规模的大小调节着整个经济的积累方式，税收总规模大，则经济发展所需的资金主要由财政部门提供，个人或企业的资金积累减少；反之，个人或企业的资金积累增加。二是税制体系的结构，主体税种的选择，对各种经济活动和经济主体征税的纵向与横向差异，调节着经济发展的结构和方式。

（2）公债。公债是政府为解决账户透支问题而采取的借债。公债最初的功能是应付临时财政支出或弥补财政赤字，到近代随着国家干预经济活动的增多，公债已成为调节经济的重要杠杆，成为财政政策的重要工具。不同公债种类、发行方式、还本付息的方法及利率的高低，对社会总供给和总需求的影响是不同的，对企业的财务管理活动影响也是不同的。

（3）政府投资。政府投资指政府直接参与物质生产领域的投资。它是实现资源有效配置的重要工具，其形式包括投资总量及投资结构两部分。通过投资总量和投资结构的变化，对资源配置产生影响，进而调节国民经济结构，促进产业结构的合理化。

（4）财政补贴。财政补贴是指国家无偿地补助给居民、企业和其他受益者的支出，是财政支出的形式之一。一般来说，财政补贴包括生产性补贴和消费性补贴两大类。生产性补贴如生产资料价格补贴、投资补贴、利息补贴等，实际上等于对企业的免税，增加了企业的利润，有利于鼓励投资，进而增加整个社会的供给，所以生产性补贴宜在总需求大于总供给时采用，以达到增加社会有效供给的作用。消费性补贴如消费品价格补贴、副食品补贴、水电费补贴、房租补贴等，实际上等于增加了工资，增加了消费者的收入，增加了消费需求，鼓励消费者消费。因此，消费性补贴宜在总供给大于总需求时采用，以促进经济的繁荣。

（5）折旧。折旧是企业固定资产在使用过程中，随着逐渐磨损转移到产品成本中去的那部分价值。折旧作为财政政策的一种工具，是通过提高或降低折旧率来加速或减慢固定资产折旧，从而调节企业的当前收入水平和投资能力。

4. 财政政策对企业财务管理活动的重要作用

财政政策对企业财务管理活动有着以下四个方面的重要作用。

（1）税收调节。在税收方面，财政可以采用增加税种、改变税率（包括实行减免税收优惠）等措施来影响企业的盈利水平，从而调节和影响企业的财务管理活动，其作用反映为总量调节和结构调节两个方面：

①总量调节，即对所有企业同时增减税种，改变税率，使所有企业的盈利水平同时下降或提高，从而抑制或者增强企业的积累能力和发展能力。这种税收中的总量紧缩调节措施，通常在经济普遍过热、通货过度膨胀时期使用，它对企业财务管理活动的影响是迫使企业的投资规模缩小。在紧缩中那些承受能力较小的落后企业可能被淘汰，其资金可能被优胜企业所吸收，从而起到优化企业的作用。税收的总

量扩张调节措施，通常在经济萧条、存在需求缺口时使用，它对企业理财活动的影响是增加企业自主支配的资金量、扩大企业投资、加速资金的周转。

②结构调节，即对一些产业或企业增加税种、调高税率，对另一些企业或产业减少税种、调低税率，从而限制或鼓励部分产业或企业的发展。实行税收结构性调节的作用在于通过不同的税率，扩大重点支持发展的产业或企业与限制发展的产业或企业的资金盈利差距，从而引导企业资金或其他资金流向高盈利产业或企业。

（2）公债调节。公债对企业财务管理活动的调节是通过调整公债发行和国债利息来实现的。首先，公债发行量增多，即直接向证券市场注入的证券增多，可以给企业提供更多的证券投资机会，使企业资产多元化。国家可以把通过发行公债集中的资金，用于支持国家重点经济建设，从而间接地改变企业资金的流向。其次，公债利息率的变化，影响着企业进行投资的数量和对投资报酬率的要求。

（3）财政支出调节。在财政支出方面，政府可以采取增减支出的措施来影响企业的资金流量，进而影响企业财务管理行为。具体表现在以下四个方面：

①财政直接对企业增减拨款，包括企业基本建设、企业项目改造资金等拨款，直接影响企业资金的流量；

②政府增加对企业的订货，间接地向企业注入资金；

③实行有区别的财政拨款政策，即只对国家要求发展产业所属企业拨款，以增强这些企业的资本，促进其发展；

④对关系到国计民生的计划内亏损企业（如经营粮、棉、油的企业）进行适当的财政补贴，以保证其资金的正常运转。

（4）折旧调节。折旧对企业财务管理活动的影响是通过提高或降低企业固定资产折旧率来实现的，当国家规定提高固定资产折旧率时，企业固定资产价值加速转移，更新改造资金大量增加，从而加速固定资产的更新改造并可减少税收，扩大企业生产规模。

（三）货币政策

货币政策是指一个国家通过中央银行为了实现其宏观经济目标而采取的控制与调节货币供应量的一种金融措施，其基本内容主要包括货币政策类型、货币政策目标和货币政策工具等方面。

1. 货币政策类型

根据货币供应量和货币需要量之间的对比关系，把货币政策分为扩张性、均衡性和紧缩性三种类型。扩张性货币政策，是指货币供应量较大地超过货币需求量，此种政策能刺激社会需求的增长。均衡性货币政策，是指货币供应量与需求量两者形成对等关系，这种政策能促使或保持社会总需求和总供给平衡。紧缩性货币政策，是指货币供应量小于货币需求量，这种政策必须抑制总需求的增长，使社会总需求的增长落后于总供给增长。

2. 货币政策目标

货币政策目标是中央银行通过控制与调节货币供应量所要达到的目的，它是货币政策工具操作的指南。货币政策目标按其在中央银行实施调控措施过程中发生的先后次序不同，分为最终目标和中介目标。

（1）货币政策最终目标。怎样选择货币政策的最终目标，各国有所不同，归纳起来有以下三种类型：

①单一目标型，例如：德国的货币政策目标就是“保卫马克”，即稳定币值。

②双重目标型，例如：我国长期以来所选择的货币政策目标是发展经济、稳定币值。

③多重目标型，例如：美国的货币政策目标是稳定物价、充分就业、经济增长和国际收支平衡等。

（2）货币政策的中介目标。货币政策中介目标（也称中介指标）是指中央银行为了实现货币政策最终目标而需要控制调整的指标，或者说是货币政策工具作用的经济变量。稳定币值是我国货币政策的目标，根据我国的实际情况，我国现阶段的中介指标是货币供给量。

3. 货币政策工具

货币政策工具是中央银行为调控中介指标进行实现货币政策目标所采取的措施或手段。我国中央银行已初步建立起直接和间接相结合的货币政策工具体系。

（1）直接的货币政策工具。

①货币供应量增长幅度。每年我国中央银行通过对国民生产总值、财政拨款、国际收支状况等主要指标的分析和预测，确定货币供应量的年度增长幅度。

②社会信用规划。中央银行根据确定的货币供应量增长幅度，编制包括商业银行、政策性银行、非银行金融机构信贷计划和企业融资计划的社会规划。在必要时，运用贷款限额管理手段控制信贷规模，通过该方法达到货币政策的目标。

③再贷款规模的控制。中央银行是银行的银行，当商业银行及其他金融机构发生资金短缺时，可向中央银行申请贷款，这种贷款称为再贷款。通过再贷款规模的控制来调节金融机构资金来源的规模，从而制约金融机构资金的运用能力。

（2）间接的货币政策工具。

①存款准备金率。中央银行可根据经济的不同情况，提高或降低银行所吸收的存款的上交比例，即存款准备金率，来影响商业银行的贷放能力，控制市场货币供应量。

②公开市场业务。指中央银行以某一时期的货币供给量指标为依据，在金融市场上买卖社会公众、企业、机关以及中央之外的各种金融机构的各种有价证券，以减少或增加货币供应量。

③调整再贴现率。中央银行通过提高或降低再贴现率，影响市场上一般利率水平，从而影响企业、个人、单位对资金的需求，达到紧缩或放松银根的目的。

④利率。作为中央银行货币政策工具的利率是指再贷款利率，它是非常重要的利率，可以影响银行及金融机构的贷款利率，通过调整再贷款利率，从而影响整个社会的利率升降。其具体过程为：当市场货币供应量偏多时，需要紧缩，中央银行提高再贷款利率；反之则降低再贷款利率。各商业银行为了保持自己的利润水平，就要相应提高或降低利率，从而影响向商业银行借款的企业对货币的需求，影响人们愿意持有的货币量。

4. 货币政策对于企业财务管理活动的影响

具体地说，货币政策是通过信贷、利率、金融市场等来调节企业资金流动的。

（1）信贷对企业财务管理的影响。银行信贷对企业财务管理的影响作用主要表现在信贷总量与结构两个方面。

①信贷总量的影响。是通过增加或减少贷款和投资总量来影响企业资金的流动量。当中央银行实行紧缩银根政策，要求削减信贷总规模时，各商业银行就会相应减少对企业的贷款和投资，进而影响企业的筹资和投资规模。相反，当中央银行实行松动银根的货币政策时，各商业银行就会相应增加对企业的贷款和投资，进而使企业资产得以扩大。因此，银行信贷对企业财务管理的影响是显而易见的。

②信贷结构的影响。是通过各商业银行对不同的行业、不同的企业、不同的产品给予不同的贷款支持，即调整信贷支出结构来影响企业的财务管理活动。比如：采用扶优限劣的措施，对经济效益好的企业在贷款量、期限等方面给予优惠，而对信贷风险大的企业给予限制，从总体上使企业的资产结构发生变化。另外，对国家产业政策要求重点发展的产业和产品，由政策性银行或商业银行给予贷款企业大力支持，对国家产业政策限制发展的产业和产品，银行通过采取不给或停止新贷款，甚至抽回旧贷款的方法，对企业的财务活动发生影响。

（2）利率对企业财务管理活动的影响。银行利率对企业理财活动的影响通常表现在两个方面，即利率总水平和利率结构。

①利率总水平的影响。利率总水平的影响是通过提高或降低利率总水平来影响

企业的筹资成本，进而影响企业的投资活动。从理论上讲，银行提高贷款利率，企业的贷款成本上升，如果投资收益不变，企业的贷款欲望就会下降并相应减少这方面的筹资，使企业的资产规模缩小；相反，银行降低贷款利率，企业贷款成本下降，就会相应增加贷款量。

②利率结构的影响。利率结构影响是指各金融机构遵守中央银行关于信贷资金管理的规定，执行中央银行规定的利率及其浮动幅度，对不同的行业、不同的企业、不同存贷款种类和期限实行不同的利率，对企业理财活动产生的影响。例如：我国中央银行的利率政策规定，对国家重点支持发展的农业、外贸出口、能源、原材料、交通通信等基础产业和基础设施实行优惠利率，对信用良好企业实行相对低的浮动利率，对期限长短不同的贷款实行差别利率，对技术开发实行贴息，等等。通过利率结构的改变影响企业的筹资和投资决策。

货币政策影响企业财务管理活动的重要方式是金融市场。

四、金融市场环境

金融资产是指单位或个人所拥有的以价值形态存在的生产，是一切可以在有组织的金融市场上进行交易，具有现实价格和未来估价的金融工具的总称，它包括货币、股票、债券、商业票据等一系列金融工具。金融市场是指金融资产的供需双方，实现货币借贷和资金融通、办理各种票据和有价证券交易活动的场所。

（一）金融市场的基本组成要素

金融市场是由多种要素组成的，其基本要素包括金融市场的参加者、金融市场的组织形式和金融市场管理。

1. 金融市场的参加者

金融市场的参加者主要是资金供需双方和金融中介机构。具体包括金融机构、各类非金融企业、政府和个人。

（1）金融机构。金融机构是金融市场活动中最重要的参与者。金融市场的融资活动基本上是由金融机构组织实现的。我国的金融机构主要包括以下四种。

①中央银行。我国的中央银行是中国人民银行，它是国务院领导和管理金融事业的国家机关，是整个金融活动的中心环节。作为银行的银行，它是银行和其他金融机构资金来源的最后融通者。其主要任务是：集中力量研究和做好全国金融的宏观决策，加强信贷资金管理，保持币值稳定。因此，中央银行把参加金融市场交易作为宏观金融调节的手段之一，实施宏观金融调控。其手段是：根据情况在金融市

场进行买卖，直接调节市场货币流通量，或通过有关政策和法令，调控金融机构的信用扩张能力，控制金融市场活动。

②商业银行。商业银行是提供金融服务最广泛的金融机构。商业银行体现了国家产业政策和信贷政策的要求，按照自主经营、自担风险、自负盈亏、自求平衡、自我约束、自我发展的原则，实施资产负债比例和风险管理。银行是否经营某项业务，要看这项业务能否为银行带来盈利，是否办理一笔业务或接纳某一些顾客，也要看其能否为银行带来利润，同时还要考虑其安全性。我国商业银行主要有工商银行、农业银行、中国银行、建设银行、交通银行、中信银行、光大银行等。

③政策性银行。政策性银行是为了保证国民经济健康发展，贯彻国家经济政策，维护社会稳定，对特定项目和特定的企业单位办理信贷业务的金融机构。我国现有办理政策性国家重点建设（包括基本建设和技术改造）贷款及贴息等固定资产投资业务的是国家开发银行；办理国家粮、棉、油准备的农副产品合同收购、农业开发等农业信贷业务的是中国农业发展银行；为大型机电成套设备进出口提供买方信贷和卖方信贷、为成套机电产品出口信贷办理贴息及出口信用担保的是中国进出口信贷银行。政策性银行的资金来源主要是向社会发行国家担保债券和向金融机构发行金融债券。

④其他金融机构。其他金融机构主要包括：保险公司、信托公司、证券公司、财务公司、金融租赁公司等。

(2) 各类非金融企业。企业是金融市场的重要参与者，他们既是资金的需求者，又是资金的供给者。企业在生产经营过程中会形成暂时闲置资金，这部分资金可以进入金融市场参与证券投资。一般来说，金融市场上来自企业暂时的闲置资金所购买的证券大都是市场性较高的短期证券，它向金融市场提供的资金数量比企业从金融市场获取资金的数量要大得多。因此，企业不仅是金融市场上的净筹资方，而且是短期资金市场最活跃的参与者。在长期资金市场上，企业可以发行股票、债券方式筹措长期资金，同时也进行长期投资。

(3) 政府。各个国家的中央政府和地方政府都是金融市场的参加者。政府为了弥补财政收支上的赤字，或是为了某些特定项目的公共工程建设，经常通过发行各种债券筹集资金。所以政府在金融市场上主要充当资金的需求者，当然政府部门也会通过对原有负债的偿还，或出于对经济活动的干预和调节而向金融市场提供资金。

(4) 个人。个人是金融市场上处于重要地位的资金供给者，个人用日常的生活节余购买各种证券直接参与金融市场的交易活动。个人储蓄存款和进行人身、财产保险又是金融市场间接融资的来源之一。因此，个人也是金融市场的参与者。

2. 金融市场的组织形式

金融市场的组织形式即进行金融交易所采用的方式。根据各种金融交易的特点，金融市场的组织形式有以下三种：

（1）在固定场所进行有组织的集中交易方式。这种交易方式具体的做法是买卖双方在交易场所内，进行公开竞争，由代理人出面，经过讨价还价程序决定成交价格，完成交易过程。

（2）分散交易方式，通常又称为店头市场方式。这种方式是分散在各金融机构柜台上所进行的交易，交易过程没有代理人，由买卖双方进行面对面的协商，以完成交易。

（3）场外交易方式。这种交易方式没有固定交易场所，也不需要进行直接接触，而是借助于通信手段完成交易。

3. 金融市场管理

金融市场管理是指中央银行为维护金融市场的正常秩序而进行的管理。主要包括颁布各种金融法规和为金融市场活动制定行为规范并提供保障。中央银行运用经济手段作为政策性工具，调节金融市场活动。

金融市场管理主要有国家管理模式、政府管理模式和自我管理模式。

（二）金融市场对企业财务管理的作用

所有企业都是在金融体系中经营，只是其深入的程度不同而已。当产品出售或提供劳务时，公司或者收到货币资金，或者创造一项融资性资产——应收账款。此外，公司将其闲置资金通过金融市场投资于有价证券，以获取高于一般存款的利息。由此，公司与金融市场有直接的接触。更重要的是，多数企业以金融市场作为其融通资产投资所需资金的来源。金融市场为有价证券定价提供了条件。企业通过发行证券筹集资金，又通过购买证券进行投资，这就产生了证券的公平市价。虽然有些证券是有面值的，但其成交价格在金融市场上是根据同类证券的转售情况而定的，企业自身不能直接对证券价格施加影响，只能通过自身情况，用利息支付或股息的发放来调节和间接影响证券的市场价格。在金融市场上，资金的买卖活动是通过比较选择下进行的，经营好的企业能优先吸收到资金，而经营不善的企业则很难筹措到资金。这就增强了企业理财人员的竞争意识和科学进行财务管理决策的思想。总之，金融市场是企业财务管理活动的重要条件。

五、经济法律环境

市场经济是以法治为基础的。法是国家制定或认可的法律、法令、条例等的通称，它是国家规定人们在社会中的权利和义务，它规定人们应该做什么，不应该做什么，怎样做是违法的。因此，企业必须遵守国家制定和颁发的政策、法律、法令、条例等，同样，相关人员也应该懂法，并研究法律环境。

（一）经济法

经济法律关系就是当事人之间根据经济法律规范在经济活动中形成的经济权利和经济义务关系。经济法是国家为组织、领导和管理国民经济而制定的调整一定社会经济关系的法律规范的总称。经济法是国家法律体系中一个独立的法律部门，其包括的内容十分广泛，主要有：财产的管理；国民经济的计划领导和管理；社会经济组织的法律地位、权利和义务；经济活动准则、程序和方法、违反经济法律的责任；等等。经济法由众多的经济法规组成，这些经济法规构成完整的经济法体系，经济法的主要表现形式有法律、法规、决议、命令等。

对于企业的财务管理人员来说，影响企业财务活动的经济法规主要有以下几类：

（1）财会类。财会类主要包括《中华人民共和国会计法》《企业会计准则》《企业财务通则》《建设项目经济评价方法》和《会计基础工作规范》等。

（2）税收类。税收类主要有《中华人民共和国税收征收管理法》《中华人民共和国增值税暂行条例》《中华人民共和国消费税暂行条例》《中华人民共和国营业税暂行条例》《中华人民共和国企业所得税暂行条例》等。

（3）其他经济法规。其中主要包括《中华人民共和国公司法》等。

（二）企业经济活动中的权利和义务

企业作为经济法律关系中的主体，根据法律规定，有权进行各种经济活动，或者要求其他企业作出一定的行为，以便实现自己的经济权利。

1. 经济权利

（1）权利享有者可以依其意愿，在法定范围内自主从事经济活动。

（2）权利享有者可以要求义务承担者为一定行为或不为一定行为的资格，以便实现自己的权利。

（3）权利享有者如果因他人的行为而使自己的经济权利不能实现时，有权要求有关机关加以保护。

经济权利是经济法主体依法享有的自己为或不为一定行为和要求他方为或不为一定行为的资格。

2. 经济义务

（1）负有经济义务者必须按照规定履行其应负的经济义务使他人的权利得以实现。

（2）履行经济义务是以法定范围为限定的。

（3）经济义务人必须自觉地履行义务，如果不履行或履行不适当，就会受到法律的制裁。

经济的权利和义务是同时存在、相互适应和相互制约的，没有无义务的权利，也没有无权利的义务。

（三）法律环境对于企业财务管理的影响

法律环境对于企业既赋予权利又产生约束，企业必须依照国家制定的经济法规的法律效力，约束自己的经济行为。企业的一切财务管理活动都要承担法律责任，受法律约束，这是因为国家法律机关要执行法律，进行监督，对不执行法律，违反法律的要进行惩罚。在我国，任何企业无论其规模大小，盈亏与否，其经济活动都必须遵守和服从国家的经济法规和其他法律。国家通过法律约束，规定国家与企业之间的关系、企业与企业之间的关系以及企业内部的关系。比如：根据税法纳税是企业的义务，同时又是企业的一项重要财务支出，财务人员必须对企业所处的纳税环境有充分认识，对于影响财务管理决策的税务问题要认真分析，严格管理。在合法的情况下，要研究如何限定利润的实现额，增加费用的支出额，增加折旧或负债，利用税负影响收益、避免逃税来调节企业与国家的关系。国家为了引导社会资金的合理流向，有效地利用闲散资金，保护各方面的合法权益，国家颁布了一系列关于有价证券的法律规定，不论是发行证券吸收资金的企业，还是投资证券的企业，都必须遵守国家规定。总之，企业只有遵守国家制定和颁发的法律、法令、条例等，企业的合法权益才能受到法律保护、不受侵犯，同样，企业违法就要承担法律责任，视违法的性质、程度和责任，追究法人或法人代表及其他工作人员的行政、民事和刑事的法律责任。

第五章　财务管理的内容

第一节　筹资管理

一、筹资管理概述

企业筹资是指企业为了满足其经营活动、投资活动、资本结构调整等需要，运用一定的筹资方式，筹措和获取所需资金的一种行为。筹资活动是企业一项重要的财务活动。如果说企业的财务活动是以现金收支为主的资金流转活动，那么筹资活动则是资金运转的起点。筹资的作用主要有以下两个方面。

（1）满足经营运转的资金需要。企业筹资能够为企业生产经营活动的正常开展提供财务保障。企业新建时，要按照企业战略所确定的生产经营规模核定长期资本和流动资金的需要量。在企业日常生产经营活动运行期间，需要有一定数额的资金，以维持营业活动的正常波动需求。这就需要筹措相应的资金，来满足生产经营活动的需要。

（2）满足投资发展的资金需要。企业在成长时期，往往因扩大生产经营规模或对外投资需要大量资金。企业生产经营规模的扩大有两种形式：一种是新建厂房、增加设备，这是外延式的扩大再生产；另一种是引进技术、改进设备，提高固定资产的生产能力，培训工人，提高劳动生产率，这是内涵式的扩大再生产。不管是外延式的扩大再生产还是内涵式的扩大再生产，都会发生扩张性的筹资动机。同时，企业由于战略发展和资本经营的需要，还会积极开拓有发展前途的投资领域，以联营投资、股权投资和债权投资等形式对外投资。经营规模扩张和对外产权投资，往往会产生大额的资金需求。

（一）筹资的分类

企业筹资可以按不同的标准进行分类。

1. 股权筹资、债务筹资及衍生工具筹资

按企业所取得资金的权益特性不同，企业筹资分为股权筹资、债务筹资及衍生工具筹资三类，这也是企业筹资方式最常见的分类方法。

股权筹资形成股权资本，是企业依法长期拥有、能够自主调配运用的资本。股权资本在企业持续经营期间内，投资者不得抽回，因而也称为企业的自有资本、主权资本或股东权益资本。企业的股权资本通过吸收直接投资、发行股票、内部积累等方式取得。股权资本由于一般不用还本，形成了企业的永久性资本，因而财务风险小，但付出的资本成本相对较高。

股权筹资项目，包括实收资本（股本）、资本公积、盈余公积和未分配利润等。其中，实收资本（股本）和实收资本溢价部分形成的资本公积是投资者的原始投入部分；盈余公积、未分配利润和部分资本公积是原始投入资本在企业持续经营中形成的经营积累。盈余公积和未分配利润统称为留存收益①。股权筹资在经济意义上形成了企业的所有者权益，其金额等于企业资产总额减去负债总额后的余额。

债务筹资是企业通过借款、发行债券、融资租赁以及赊销商品或服务等方式取得的资金形成在规定期限内需要清偿的债务。由于债务筹资到期要归还本金和支付利息，对企业的经营状况不承担责任，因而具有较大的财务风险，但付出的资本成本相对较低。

衍生工具筹资包括兼具股权与债务特性的混合融资和其他衍生工具融资。我国上市公司目前最常见的混合融资是可转换债券融资，最常见的其他衍生工具融资是认股权证融资。

2. 直接筹资与间接筹资

按其是否以金融机构为媒介，企业筹资分为直接筹资和间接筹资两种类型。

直接筹资是企业直接与资金供应者协商融通资本的一种筹资活动。直接筹资方式主要有吸收直接投资、发行股票、发行债券等。通过直接筹资既可以筹集股权资金，也可以筹集债务资金。按法律规定，公司股票、公司债券等有价证券的发行需要通过证券公司等中介机构进行，但证券公司所起到的只是承销的作用，资金拥有者并未向证券公司让渡资金使用权，因此发行股票、债券属于直接向社会筹资。

间接筹资是企业借助银行等金融机构融通资本的筹资活动。在间接筹资方式下，银行等金融机构发挥了中介的作用，预先集聚资金，资金拥有者首先向银行等金融机构让渡资金的使用权，然后由银行等金融机构将资金提供给企业。间接筹资的基本方式是向银行借款，此外还有融资租赁等筹资方式，间接筹资形成的主要是债务资金，主要用于满足企业资金周转的需要。

---

① 钱婷婷．产业经济学的理论地位与应用性质研究［J］．商情，2019（41）．

3. **内部筹资与外部筹资**

按资金的来源范围不同，企业筹资分为内部筹资和外部筹资两种类型。

内部筹资是指企业通过利润留存而形成的筹资来源。内部筹资数额的大小主要取决于企业可分配利润的多少和利润分配政策（股利政策），一般无需花费筹资费用，从而降低了资本成本。

外部筹资是指企业向外部筹措资金而形成的筹资来源。处于初创期的企业，内部筹资的可能性是有限的；处于成长期的企业，内部筹资往往难以满足其资金需要。这就需要企业广泛地开展外部筹资，如发行股票、债券，取得商业信用，向银行借款等。企业向外部筹资大多需要花费一定的筹资费用，从而提高了筹资成本。因此，企业筹资时首先应利用内部筹资，然后再考虑外部筹资。

4. **长期筹资与短期筹资**

按所筹集资金的使用期限不同，企业筹资分为长期筹资和短期筹资两种类型。

长期筹资是指企业筹集使用期限在一年以上的资金的筹集活动。长期筹资的目的主要在于形成和更新企业的生产和经营能力，或扩大企业的生产经营规模，或为对外投资筹集资金。长期筹资通常采取吸收直接投资、发行股票、发行债券、取得长期借款、融资租赁等方式，所形成的长期资金主要用于购建固定资产、形成无形资产、进行对外长期投资、垫付流动资金、产品和技术研发等。从资金权益性质来看，长期资金可以是股权资金，也可以是债务资金。

短期筹资是指企业筹集使用期限在一年以内的资金的筹集活动。短期资金主要用于企业的流动资产和日常资金周转，一般在短期内需要偿还。短期筹资经常利用商业信用、短期借款、保理业务等方式来筹集。

（二）筹资管理的原则

企业筹资管理的基本要求，是在严格遵守国家法律、法规的基础上，分析影响筹资的各种因素，权衡资金的性质、数量、成本和风险，合理选择筹资方式，提高筹集效果。

1. **遵循国家法律、法规，合法筹措资金**

企业的筹资行为和筹资活动必须遵循国家的相关法律、法规，依法履行法律法规和投资合同约定的责任，合法合规筹资，依法披露信息，维护各方的合法权益。

2. **分析生产经营情况，正确预测资金需要量**

企业筹集资金，首先要合理预测资金的需要量。筹资规模与资金需要量应当匹配一致，既避免因筹资不足，影响生产经营的正常进行，又要防止筹资过多，造成资金闲置。

3. 合理安排筹资时间，适时取得资金

企业筹集资金，还需要合理预测，确定资金需要的时间。要根据资金需求的具体情况，合理安排资金的筹集时间，适时获取所需资金，使筹资与用资在时间上相衔接，既避免过早筹集资金形成资金在投放前闲置，又防止取得资金时间滞后，错过资金投放的最佳时间。

4. 了解各种筹资渠道，选择资金来源

企业所筹集的资金都要付出资本成本的代价，不同的筹资渠道和筹资方式所取得的资金，其资本成本各有差异。企业应当在考虑筹资难易程度的基础上，针对不同来源资金的成本进行分析，尽可能选择经济、可行的筹资渠道与方式，力求降低筹资成本。

5. 研究各种筹资方式，优化资本结构

企业筹资要综合考虑股权资金与债务资金的关系、长期资金与短期资金的关系、内部筹资与外部筹资的关系，合理安排资本结构，保持适当偿债能力，防范企业财务危机，提高筹资效益。

二、股权筹资

股权筹资形成企业的股权资金，是企业最基本的筹资方式。股权筹资包含吸收直接投资、发行股票和利用留存收益三种主要形式，此外，我国上市公司引入战略投资者的行为，也属于股权筹资的范畴。

（一）吸收直接投资

吸收直接投资是指企业按照“共同投资、共同经营、共担风险、共享收益”的原则，直接吸收国家、法人、个人和外商投入资金的一种筹资方式。吸收直接投资是非股份制企业筹集权益资本的基本方式，采用吸收直接投资的企业，资本不分为等额股份、无需公开发行股票。吸收直接投资实际出资额，注册资本部分形成实收资本；超过注册资本的部分属于资本溢价，形成资本公积。

1. 吸收直接投资的种类

（1）吸收国家投资。国家投资是指有权代表国家投资的政府部门或机构，以国有资产投入公司，这种情况下形成的资本称为国有资本。

（2）吸收法人投资。法人投资是指法人单位以其依法可支配的资产投入公司，这种情况下形成的资本称为法人资本。

(3) 吸收外商直接投资。企业可以通过合资经营或合作经营的方式吸收外商直接投资。

(4) 吸收社会公众投资。社会公众投资是指社会个人或本公司职工以个人合法财产投入公司，这种情况下形成的资本称为个人资本。

2. 吸收直接投资的出资方式

(1) 以货币资产出资。以货币资产出资是吸收直接投资中最重要的出资方式。我国《公司法》规定，公司全体股东或者发起人的货币出资金额不得低于公司注册资本的30%。

(2) 以实物资产出资。以实物出资是指投资者以房屋、建筑物、设备等固定资产和材料、燃料、商品产品等流动资产所进行的投资。

实物出资中实物的作价，可以由出资各方协商确定，也可以聘请专业资产评估机构评估确定。国有及国有控股企业接受其他企业的非货币资产出资，需要委托有资格的资产评估机构进行资产评估。

(3) 以土地使用权出资。土地使用权是指土地经营者对依法取得的土地在一定期限内有进行建筑、生产经营或其他活动的权利。

(4) 以工业产权出资。工业产权通常是指专有技术、商标权、专利权、非专利技术等无形资产。我国《公司法》规定，股东或发起人不得以劳务、信用、自然人姓名、商誉、特许经营权或者设定担保的财产等作价出资。

3. 吸收直接投资的优缺点

(1) 吸收直接投资的优点。

1) 有利于增强企业信誉。吸收直接投资所筹资金属于自有资金，能增强企业的信誉和对外偿还负债的能力，吸收的直接投资越多，举债能力越强。

2) 有利于尽快形成生产能力。吸收直接投资不仅可筹集现金，而且能够直接取得所需的先进设备和技术，从而尽快地形成企业的生产经营能力。

3) 有利于降低财务风险。吸收直接投资向投资者支付报酬较为灵活，企业经营状况好，可向投资者多支付一些报酬，企业经营状况不好，则可不支付或少支付报酬，财务风险较小。

(2) 吸收直接投资的缺点。

1) 资金成本较高。因为投资者要参与利润分红，如果公司有可观的利润，那么利润分红将大大高于其举债的成本。

2) 容易分散企业的控制权。投资者一般都要求获得与投资数量相适应的经营管理权，这是企业接受外来投资的代价之一。如果外部投资者的投资较多，则投资者会有相当大的管理权，甚至会对企业实行完全控制，这是吸收直接投资的不利因素。

（二）发行股票

股票是股份有限公司为筹措股权资本而发行的有价证券，是公司签发的证明股东持有公司股份的凭证。股票作为一种所有权凭证，代表着股东对发行公司净资产的所有权。股票只能由股份有限公司发行。

1. 股票的特征与分类

（1）股票的特点

1）永久性。公司发行股票所筹集的资金属于公司的长期自有资金，没有期限，不需归还。

2）流通性。股票作为一种有价证券，在资本市场上可以自由转让、买卖和流通，也可以继承、赠送或作为抵押品。

3）风险性。风险的表现形式有：股票价格的波动性、红利的不确定性、破产清算时股东处于剩余财产分配的最后顺序等。

4）参与性。股东作为股份公司的所有者，拥有参与企业管理的权利，包括重大决策权、经营者选择权、财务监控权、公司经营的建议和质询权等。此外，股东还有承担有限责任、遵守公司章程等义务。

（2）股票的种类

1）按股东权利和义务，分为普通股股票和优先股股票。

普通股股票简称普通股，是公司发行的代表着股东享有平等的权利、义务，不加特别限制的、股利不固定的股票。普通股是最基本的股票，股份有限公司通常情况只发行普通股。

优先股股票简称优先股，是公司发行的相对于普通股具有一定优先权的股票。其优先权利主要表现在股利分配优先权和分取剩余财产优先权上。优先股股东在股东大会上无表决权，在参与公司经营管理上受到一定限制，仅对涉及优先股权利的问题有表决权。

2）按票面有无记名，分为记名股票和无记名股票。

记名股票是在股票票面上记载有股东姓名或将名称记入公司股东名册的股票。无记名股票不登记股东名称，公司只记载股票数量、编号及发行日期。我国《公司法》规定，公司向发起人、国家授权投资机构、法人发行的股票，为记名股票；向社会公众发行的股票，可以为记名股票，也可以为无记名股票。

3）按发行对象和上市地点，分为 A 股、B 股、H 股、N 股和 S 股等。

A股即人民币普通股票，由我国境内公司发行，境内上市交易，它以人民币标明面值，以人民币认购和交易。B股即人民币特种股票，由我国境内公司发行，境内上市交易，它以人民币标明面值，以外币认购和交易。H股是注册地在内地、在香港上市的股票。依此类推，在纽约和新加坡上市的股票，就分别称为N股和S股。

2. 股票的发行与上市

（1）股份有限公司首次发行股票的一般程序。

1）发起人认购股份、缴付股资。采用发起方式设立的公司，发起人认购公司的全部股份；采用募集方式设立的公司，发起人认购的股份不得少于公司股份总数的35%。发起人可以用货币出资，也可以非货币资产作价出资。在发起设立方式下，发起人缴付全部股资后，应选举董事会、监事会，由董事会办理公司设立的登记事项；在募集设立方式下，发起人认足其应认购的股份并缴付股资后，其余部分向社会公开募集。

2）提出公开募集股份的申请。以募集方式设立的公司，发起人向社会公开募集股份时，必须向国务院证券监督管理部门递交募股申请，并报送批准设立公司的相关文件，包括公司章程、招股说明书等。

3）公告招股说明书，签订承销协议。公开募集股份申请经国家批准后，应公告招股说明书。招股说明书应包括公司的章程、发起人认购的股份数、本次每股票面价值和发行价格、募集资金的用途等。同时，与证券公司等证券承销机构签订承销协议。

4）招认股份，缴纳股款。发行股票的公司或其承销机构一般用广告或书面通知的办法招募股份。认股者一旦填写了认股书，就要承担认股书中约定的缴纳股款义务。如果认股者的总股数超过发起人拟招募的总股数，可以采取抽签的方式确定哪些认股者有权认股。认股者应在规定的期限内向代收股款的银行缴纳股款，同时交付认股书。股款认足后，发起人应委托法定的机构验资，出具验资证明。

5）召开创立大会，选举董事会、监事会。发行股份的股款募足后，发起人应在规定期限内（法定30天）主持召开创立大会。创立大会由发起人、认股人组成，应有代表股份总数半数以上的认股人出席方可举行。创立大会通过公司章程，选举董事会和监事会成员，并有权对公司的设立费用进行审核，对发起人用于抵作股款的财产作价进行审核。

6）办理公司设立登记，交割股票。经创立大会选举的董事会，应在创立大会结束后30天内，办理申请公司设立的登记事项。登记成立后，即向股东正式交付股票。

（2）股票上市交易。

1）股票上市的目的。股票上市的目的是多方面的，主要包括：①便于筹措新资金。证券市场是资本商品的买卖市场，证券市场上有众多的资金供应者。同时，股票上市经过了政府机构的审查批准并接受严格的管理，执行股票上市和信息披露的规定，容易吸引社会资本投资者。公司上市后，还可以通过增发、配股、发行可转换债券等方式进行再融资。②促进股权流通和转让。股票上市后便于投资者购买，提高了股权的流动性和股票的变现能力，便于投资者认购和交易。③促进股权分散化。上市公司拥有众多的股东，加之上市股票的流通性强，能够避免公司的股权集中，分散公司的控制权，有利于公司治理结构的完善。④便于确定公司价值。股票上市后，公司股价有市价可循，便于确定公司的价值。但股票上市也有对公司不利的一面，主要有：上市成本较高，手续复杂严格；公司将负担较高的信息披露成本；信息公开的要求可能会暴露公司的商业机密；股价有时会歪曲公司的实际情况，影响公司声誉；可能会分散公司的控制权，造成管理上的困难。

2）股票上市的条件。公司公开发行的股票进入证券交易所交易，必须受严格的条件限制。我国《证券法》规定，股份有限公司申请股票上市，应当符合下列条件：①股票经国务院证券监督管理机构核准已公开发行。②公司股本总额不少于人民币3000万元。③公开发行的股份达到公司股份总数的25%以上。公司股本总额超过人民币4亿元的，公开发行股份的比例为10%以上。④公司最近3年无重大违法行为，财务会计报告无虚假记载。

3）股票上市的暂停、终止与特别处理。当上市公司出现经营情况恶化、存在重大违法违规行为或其他原因导致不符合上市条件时，就可能被暂停或终止上市。上市公司出现财务状况或其他状况异常的，其股票交易将被交易所“特别处理”。“财务状况异常”是指以下几种情况：①最近两个会计年度的审计结果显示的净利润为负值。②最近1个会计年度的审计结果显示其股东权益低于注册资本。③最近1个会计年度经审计的股东权益扣除注册会计师和有关部门不予确认的部分后，低于注册资本。④注册会计师对最近1个会计年度的财产报告出具无法表示意见或否定意见的审计报告。⑤最近一份经审计的财务报告对上年度利润进行调整，导致连续两个会计年度亏损。⑥经交易所或中国证监会认定为财务状况异常的。“其他状况异常”是指自然灾害、重大事故等导致生产经营活动基本中止，公司涉及的可能赔偿金额超过公司净资产等情况。

在上市公司的股票交易被实行特别处理期间，其股票交易遵循下列规则：①股票报价日涨跌幅限制为5%。②股票名称改为原股票名前加“ST”。③上市公司的中期报告必须经过审计。

3. 上市公司的股票发行

上市的股份有限公司在证券市场上发行股票，包括公开发行和非公开发行两种类型。公开发行股票又分为首次上市公开发行股票和上市公开发行股票，非公开发行即向特定投资者发行，也叫定向发行。

（1）首次上市公开发行股票。首次上市公开发行股票是指股份有限公司对社会公开发行股票并上市流通和交易。实施IPO的公司，应当符合中国证监会颁布的《首次公开发行股票并上市管理办法》规定的相关条件，并经中国证监会核准。

（2）上市公开发行股票。上市公开发行股票是指股份有限公司已经上市后，通过证券交易所在证券市场上对社会公开发行股票。上市公司公开发行股票，包括增发和配股两种方式。其中，增发是指增资发行，即上市公司向社会公众发售股票的再融资方式，而配股是指上市公司向原有股东配售发行股票的再融资方式。

（3）非公开发行股票。上市公司非公开发行股票是指上市公司采用非公开方式，向特定对象发行股票的行为，也叫定向募集增发。其目的往往是为了引入该机构的特定能力，如管理、渠道等。定向增发的对象可以是老股东，也可以是新投资者。总之，定向增发完成之后，公司的股权结构往往会发生较大变化，甚至发生控股权变更的情况。

4. 引入战略投资者

（1）战略投资者的概念与要求。按照证监会的规则解释，战略投资者是指与发行人具有合作关系或有合作意向和潜力，与发行公司业务联系紧密且欲长期持有发行公司股票的法人。从国外风险投资机构对战略投资者的定义来看，一般认为战略投资者是能够通过帮助公司融资、提供营销与销售支持的业务，或通过个人关系增加投资价值的公司或个人投资者。

一般来说，作为战略投资者的基本要求是：①要与公司的经营业务联系紧密。②要出于长期投资目的而较长时期地持有股票。③要具有相当的资金实力，且持股数量较多。

（2）引入战略投资者的作用。战略投资者具有资金、技术、管理、市场、人才等方面的优势，能够增强企业的核心竞争力和创新能力。上市公司引入战略投资者，使其能够和上市公司之间形成紧密的、伙伴式的合作关系，并由此增强公司经营实力、提高公司管理水平、改善公司治理结构。

5. 发行普通股的筹资的优缺点

（1）普通股筹资的优点。

1）没有固定的股利负担。股利支付与否和支付多少，视公司有无盈余和经营情况而定。

2）没有固定的到期日，不用偿还。普通股筹集的是永久性的资金，只有在公司清算时才需偿还。

3）筹资风险小。普通股没有固定到期日，不用支付固定的股利，风险最小。

4）能增加公司的信誉。公司资本实力是公司筹措债务资金的信用基础。公司有了较多的股权资本，就能提高公司的信用价值，增强公司的举债能力。

5）筹资限制较少。利用优先股和债券筹资，通常有许多限制，而利用普通股筹资则没有这种限制。

（2）普通股筹资的缺点。

1）资金成本较高。一是投资于普通股风险较高，投资者要求有较高的投资报酬；二是股利从税后利润中支付，不具有抵税作用；三是普通股的发行费用也比较高。

2）容易分散控制权。公司发行新股票，增加新股东，将稀释原有股东对公司的控制权，导致公司控制权的分散。

（三）利用留存收益

1. 留存收益的筹资途径

（1）提取盈余公积。盈余公积是从当期企业净利润中提取的积累资金，其提取基数是本年度的净利润，而不是税后利润。盈余公积主要用于企业未来的经营发展，经投资者审议后也可以用于转增股本（实收资本）和弥补以前年度经营亏损，但不得用于以后年度的对外利润分配。

（2）未分配利润。未分配利润有两层含义：第一，这部分净利润本年没有分配给公司的股东投资者；第二，这部分净利润未指定用途，可以用于企业未来的经营发展、转增资本（实收资本）、弥补以前年度的经营亏损及以后年度的利润分配。

2. 利用留存收益筹资的优缺点

（1）留存收益筹资的优点。

1）不用发生筹资费用。企业从外界筹集长期资本，与普通股筹资相比较，留存收益筹资不需要发生筹资费用，资本成本较低。

2）维持公司的控制权分布。利用留存收益筹资，不用对外发行新股或吸收新投资者，由此增加的权益资本不会改变公司的股权结构，不会稀释原有股东的控制权。

（2）留存收益筹资的缺点。筹资数额有限。留存收益的最大数额是企业到期的净利润和以前年度未分配利润之和，不像外部筹资可以一次性筹集大量资金。如果企业发生亏损，那么当年就没有利润留存。另外，股东和投资者从自身期望出发，往往希望企业每年发放一定的利润，保持一定的利润分配比例。

三、债务筹资

债务筹资主要是企业通过向银行借款、向社会发行公司债券、融资租赁以及赊购商品或劳务等方式筹集和取得的资金。向银行借款、发行债券、融资租赁和商业信用，是债务筹资的基本形式。

（一）银行借款

银行借款是指企业向银行或其他非银行金融机构借入的、需要还本付息的款项，包括偿还期限超过一年的长期借款和不足一年的短期借款，主要用于企业购建固定资产和满足流动资金周转的需要。

1. 银行借款的种类

（1）按提供贷款的机构，银行借款的种类可以分为政策性银行贷款、商业性银行贷款和其他金融机构贷款。政策性银行贷款是指执行国家政策性贷款业务的银行向企业发放的贷款，通常为长期贷款。如：国家开发银行贷款，主要满足企业承建国家重点建设项目的资金需要；中国进出口信贷银行贷款，主要为大型设备的进出口提供的买方信贷或卖方信贷；中国农业发展银行贷款，主要用于确保国家对粮、棉、油等政策性收购资金的供应。

商业性银行贷款是指由各商业银行，如中国工商银行、中国建设银行、中国农业银行、中国银行等，向工商企业提供的贷款，用以满足企业生产经营的资金需要，包括短期贷款和长期贷款。

其他金融机构贷款，如从信托投资公司取得实物或货币形式的信托投资贷款，从财务公司取得的各种中长期贷款，从保险公司取得的贷款等。其他金融机构的贷款一般较商业银行贷款的期限要长，要求的利率较高，对借款企业的信用要求和担保的选择比较严格。

（2）按机构对贷款有无担保要求，银行借款的种类可以分为信用贷款和担保贷款。信用贷款是指以借款人的信誉或保证人的信用为依据而获得的贷款。企业取得这种贷款，无需以财产作抵押。对于这种贷款，由于风险较高，银行通常要收取较高的利息，往往还附加一定的限制条件。

担保贷款是指由借款人或第三方依法提供担保而获得的贷款。担保包括保证责任、财务抵押、财产质押。

（3）按企业取得贷款的用途，银行借款的种类可以分为基本建设贷款、专项贷款和流动资金贷款。

基本建设贷款是指企业因从事新建、改建、扩建等基本建设项目需要资金而向银行申请借入的款项。

专项贷款是指企业因为专门用途而向银行申请借入的款项，包括更新改造贷款、大修理贷款、研发和新产品研制贷款、小型技术措施贷款、出口专项贷款、引进技术转让费周转金贷款、进口设备外汇贷款、进口设备人民币贷款及国内配套设备贷款等。

流动资金贷款是指企业为满足流动资金的需求而向银行申请借入的款项，包括流动资金借款、生产周转借款、临时借款、结算借款和卖方信贷。

2. 银行借款的程序与保护性条款

（1）银行借款的程序。

1）提出申请。企业根据筹资需求向银行书面申请，按银行要求的条件和内容填报借款申请书。

2）银行审批。银行按照有关政策和贷款条件，对借款企业进行信用审查，依据审批权限，核准公司申请的借款金额和用款计划。银行审查的主要内容是：公司的财务状况；信用情况；盈利的稳定性；发展前景；借款投资项目的可行性；抵押品和担保情况。

3）签订合同。借款申请获批准后，银行与企业进一步协商贷款的具体条件，签订正式的借款合同，规定贷款的数额、利率、期限和一些约束性条款。

4）取得借款。借款合同签订后，企业在核定的贷款指标范围内，根据用款计划和实际需要，一次或分次将贷款转入公司的存款结算户，以便使用。

（2）长期借款的保护性条款。由于银行等金融机构提供的长期贷款金额高、期限长、风险大，因此，除借款合同的基本条款之外，债权人通常还在借款合同中附加各种保护性条款，例如：例行性保护条款、一般性保护条款、特殊性保护条款，以确保企业按要求使用借款和按时足额偿还借款。

3. 银行借款的筹资特点

（1）筹资速度快。与发行债券、融资租赁等债权筹资方式相比，银行借款的程序相对简单，所花时间较短，公司可以迅速获得所需资金。

(2) 资本成本较低。利用银行借款筹资，比发行债券和融资租赁的利息负担要低。而且，无需支付证券发行费用、租赁手续费用等筹资费用。

(3) 筹资弹性较大。在借款之前，公司根据当时的资本需求与银行等贷款机构直接商定贷款的时间、数量和条件。在借款期间，若公司的财务状况发生某些变化，也可与债权人再协商，变更借款数量、时间和条件，或提前偿还本息。因此，借款筹资对公司具有较大的灵活性，特别是短期借款更是如此。

(4) 限制条款多。与债券筹资相比较，银行借款合同对借款用途有明确规定，通过借款的保护性条款，对公司资本支出额度、再筹资、股利支付等行为有严格的约束，以后公司的生产经营活动和财务政策必将受到一定程度的影响。

(5) 筹资数额有限。银行借款的数额往往受到贷款机构资本实力的制约，不可能像发行债券、股票那样一次筹集到大笔资金，无法满足公司大规模筹资的需要。

(二) 发行债券

企业债券又称公司债券，是企业依照法定程序发行的、约定在一定期限内还本付息的有价证券。

1. 发行债券的条件

在我国，根据《公司法》的规定，股份有限公司、国有独资公司和两个以上的国有公司或者两个以上的国有投资主体投资设立的有限责任公司，具有发行债券的资格。

根据我国《证券法》规定，公开发行公司债券，应当符合下列条件：①股份有限公司的净资产不低于人民币 3000 万元，有限责任公司的净资产不低于人民币 6000 万元。②累计债券余额不超过公司净资产的 40%。③最近 3 年平均可分配利润足以支付公司债券 1 年的利息。④筹集的资金投向符合国家产业政策。⑤债券的利率不超过国务院限定的利率水平。⑥国务院规定的其他条件。公开发行公司债券筹集的资金，必须用于核准的用途，不得用于弥补亏损和非生产性支出。

根据我国《证券法》规定，公司申请公司债券上市交易，应当符合下列条件：①公司债券的期限为 1 年以上。②公司债券实际发行额不少于人民币 5000 万元。③公司申请债券上市时仍符合法定的公司债券发行条件。

2. 发行公司债券的筹资特点

(1) 一次筹资数额大。利用发行公司债券筹资，能够筹集大额的资金，满足公司大规模筹资的需要。这是在银行借款、融资租赁等债权筹资方式中，企业选择发行公司债券筹资的主要原因，也能够适应大型公司经营规模的需要。

（2）提高公司的社会声誉。公司债券的发行主体，有严格的资格限制。发行公司债券，往往是股份有限公司和有实力的有限责任公司所为。通过发行公司债券，一方面筹集了大量资金，另一方面也扩大了公司的社会影响。

（3）筹集资金的使用限制条件少。与银行借款相比，债券筹集到的资金的使用具有相对的灵活性和自主性。特别是发行债券所筹集的大额资金，公司主要用于流动性较差的长期资产上。从资金使用的性质来看，银行借款一般期限短、额度小，主要用途为增加适量存货、增加小型设备等；反之，期限较长、额度较大，用于公司扩展、增加大型固定资产和基本建设投资的需求多采用发行债券方式。

（4）能够锁定资本成本的负担。尽管公司债券的利息比银行借款高，但公司债券的期限长、利率相对固定。在预计市场利率持续上升的金融市场环境下，发行公司债券筹资，能够锁定资本成本。

（5）发行资格要求高，手续复杂。发行公司债券，实际上是公司面向社会负债，债权人是社会公众，因此国家为了保护投资者利益，维护社会经济秩序，对发债公司的资格有严格的限制。从申报、审批、承销到取得资金，需要经过众多环节和较长时间。

（6）资本成本较高。相对于银行借款筹资，发行债券的利息负担和筹资费用都比较高。而且债券不能像银行借款一样进行债务展期，加上大额的本金和较高的利息，在固定的到期日，在现金流量上将会对公司产生巨大的财务压力。

（三）融资租赁

租赁是指通过签订资产出让合同的方式，使用资产的一方（承租方）通过支付租金，向出让资产的一方（出租方）取得资产使用权的一种交易行为。在这项交易中，承租方通过得到所需资产的使用权，完成了筹集资金的行为。

1. 租赁的特征与分类

（1）租赁的基本特征。

1）所有权与使用权相分离。租赁资产的所有权与使用权分离是租赁的主要特点之一。

2）融资与融物相结合。租赁是以商品形态与货币形态相结合提供的信用活动，出租人在向企业出租资产的同时，解决了企业的资金需求，具有信用和贸易双重性质。它不同于一般的借钱还钱、借物还物的信用形式，而是借物还钱，并以分期支付租金的方式来体现。租赁使得银行信贷和财产信贷融合在一起的这一特点，成为企业融资的一种新形式。

3）租金的分期归流。在租金的偿还方式上，租金与银行信用到期还本付息不一样，采取了分期回流的方式。出租方的资金一次投入，分期收回。对于承租方而言，通过租赁可以提前获得资产的使用价值，分期支付租金便于分期规划未来的现金流出量。

（2）租赁的分类。

租赁分为融资租赁和经营租赁。

经营租赁是由租赁公司向承租单位在短期内提供设备，并提供维修、保养、人员培训等的一种服务性业务，又称服务性租赁。经营租赁比较适用于租用技术过时较快的生产设备。

融资租赁是由租赁公司按承租单位要求出资购买设备，在较长的合同期内提供给承租单位使用的融资信用业务，它是以融通资金为主要目的的租赁。

2. 融资租赁的基本形式

（1）直接租赁。直接租赁是融资租赁的主要形式，承租方提出租赁申请时，出租方按照承租方的要求选购，然后再出租给承租方。

（2）售后回租。售后回租是指承租方由于急需资金等各种原因，将自己资产出售给出租方，然后以租赁的形式再从出租方原封不动地租回资产的使用权。

（3）杠杆租赁。杠杆租赁是指涉及承租人、出租人和资金出借人三方的融资租赁业务。

3. 融资租赁租金的计算

（1）租金的构成。

融资租赁每期租金的多少，取决于以下几项因素：①设备原价及预计残值，包括设备买价、运输费、安装调试费、保险费等，以及该设备租赁期满后，出售可得的市价。②利息，指租赁公司为承租企业购置设备垫付资金所应支付的利息。③租赁手续费，指租赁公司出租租赁设备所发生的业务费用和必要的利润。

（2）租金的支付方式。

租金的支付有三种分类方式：①按支付间隔期长短，分为年付、半年付、季付和月付等方式。②按在期初和期末支付，分为先付和后付。③按每次支付额，分为等额支付和不等额支付。实务中，承租企业与租赁公司商定的租金支付方式，大多为后付等额年金。

（3）租金的计算。

我国融资租赁实务中，租金的计算大多采用等额年金法。等额年金法下，通常要根据利率和租赁手续费率确定一个租费率，作为折现率。

4. 融资租赁的筹资特点

（1）在资金缺乏情况下，能迅速获得所需资产。融资租赁集“融资”与“融物”于一身，融资租赁使企业在资金短缺的情况下引进设备成为可能。特别是针对中小企业、新创企业而言，融资租赁是一条重要的融资途径。有时，大型企业对于大型设备、工具等固定资产，也需要通过融资租赁解决巨额资金的需要，如商业航空公司的飞机，大多是通过融资租赁取得的。

（2）财务风险小，财务优势明显。融资租赁与购买的一次性支出相比，能够避免一次性支付的负担，而且租金支出是未来的、分期的，企业无需一次筹集大量资金偿还。还款时，租金可以通过项目本身产生的收益来支付，是一种基于未来的“借鸡生蛋、卖蛋还钱”的筹资方式。

（3）融资租赁筹资的限制条件较少。企业运用股票、债券、长期借款等筹资方式，都受到相当多的资格条件的限制，如足够的抵押品、银行贷款的信用标准、发行债券的政府管制等。相比之下，租赁筹资的限制条件很少。

（4）租赁能延长资金融通的期限。通常为设备而贷款的借款期限比该资产的物理寿命要短得多，而租赁的融资期限却可接近其全部使用寿命期限，并且其金额随设备价款金额而定，无融资额度的限制。

（5）免遭设备陈旧过时的风险。随着科学技术的不断进步，设备陈旧过时的风险很高，而多数租赁协议规定此种风险由出租人承担，承租企业可免受这种风险。

（6）资本成本高。其租金通常比举借银行借款或发行债券所负担的利息高得多，租金总额通常要高于设备价值的30%。尽管与借款方式比，融资租赁能够避免到期一次性集中偿还的财务压力，但高额的固定租金也给企业各期的经营带来了一定的负担。

第二节　投资管理

一、投资管理概述

（一）投资分类

投资分类按照投资目的分类，可分为长期投资和短期投资两种类型。

1. 短期投资

指各种能够随时变现、持有时间不超过一年的债券、股票等有价证券。短期投资是企业利用暂时闲置的资金，冒最低的风险，谋取一定收益的投资，同时，又要保持资产的流动性。在较短时间内随时变现，保证企业运营资金的需要。

2. 长期投资

指不准备在一年内变现的投资，包括长期债券投资、长期股票投资和长期其他股权投资。

企业进行长期投资，不仅在于谋取收益，而是借助投资的长期持有，对受资企业实行控制或兼并。或者对受资企业的经营策略，财务决策施加重大影响，从而达到投资企业的经营目的。

（二）投资管理的原则

投资管理原则是指企业在进行投资管理时，需要遵循的规则和原理，企业进行投资管理的原则包括如下几个方面。

（1）可行性分析原则，指企业进行投资时，必须建立严密的投资决策程序，进行科学的可行性分析。

（2）结构平衡原则，包括流动资产内部的资产结构关系、发展性投资与维持性投资的配合关系、直接投资与间接投资的分布关系等。

（3）动态监控原则，指企业应该对投资的项目实施过程中的进程控制。

二、证券投资概述

（一）证券投资的含义与种类

资本市场的发展与完善为企业的筹资行为提供了便利，同时也为企业投资提供了更大的可选择空间。对于一般工商企业来说，证券投资虽不构成其主要投资，却是其零散资金以及其他暂时闲置资金获利的良好渠道之一。在某些时候，证券投资被赋予更大的意义，是助长企业主营业务、实行战略转移和并购扩大规模的主要方式。

1. 证券投资的含义

证券是根据一国政府的有关法律法规发行的，用以证明或设定权利所制成的书面凭证。它表明证券持有人或第三者有权取得该证券拥有的财产所有权或债权。证券投资是指企业、个人或其他社会组织从事有价证券买卖，获取利益的一种投资行为。证券投资是企业对外投资的重要组成部分。

2. 证券投资的种类

了解证券的种类对做好证券投资是非常重要的。证券的种类很多，按照不同的标准有不同的分类。例如：按照证券的经济内容，可以将证券分为股票、债券、投资基金和金融衍生工具；按照证券发行主体的不同，可以将证券分为政府证券、金融证券和公司证券；按照证券所体现的权益关系，可以将证券分为所有权证券和债权证券；按照证券到期日的长短，可以将证券分为短期证券和长期证券；按照证券收益的稳定状况的不同，可以将证券分为固定收益证券和变动收益证券。除了这五种分类还存在其他的分类，以下介绍前面三种分类。

（1）按照证券的经济内容，可以分为股票、债券、投资基金和衍生金融工具。

股票是股份公司依照公司法的规定，为筹集资本发行的表示一定数额或一定比例股份的有价证券。股票的持有人就是公司的股东，对公司财产享有所有权和经营权，并可凭股票权益比例分享企业净收益，获得股利收入。

债券是某一社会经济主体为筹措资金而向债券投资者出具的、承诺按一定利率定期支付利息，并到期偿还本金的债权债务凭证。债券的本质是一种债权债务证明，具有法律效力。债券体现的是一种债权债务关系，债券的发行人即债务人，债券购买者即债权人。

（2）按照证券发行主体的不同，可以分为政府证券、金融证券和公司证券。

政府债券是指中央政府或地方政府为筹集财政资金或建设资金，以其信誉作为担保，按照一定程序向社会公众投资者募集资金而发行的债务债权凭证。政府债券可以进一步分为地方政府债券和中央政府债券。中央政府一般都有良好的偿债能力，所以各国政府债券都是无担保债券。

金融证券是指银行或非银行金融机构为筹集信贷资金，向投资者发行的并承诺到期还本付息的有价证券。它是以银行或非银行金融机构的信誉作担保，一般不设特殊担保。

公司证券有时也称为企业证券，是公司或企业为筹集生产经营资金而发行的有价证券，包括公司股票和公司债券。公司证券的投资风险既取决于公司特有的经营风险、财务风险，又取决于市场风险。

（3）按照证券所体现的权益关系，可分为所有权证券和债权证券。

所有权证券，即通常的普通股股票和优先股股票。持有公司股票的人，俗称股东，是公司净资产的所有者，对发行公司具有一定的管理权和控制权。

债券证券，证券的持有人便是该债券发行单位的债权人。拥有某家公司的债券就对发行该债券的公司具有按期获取利息和到期收回本金的权利，但对发行公司一般不具有管理权和控制权。在平时，股票持有者不能要求公司偿还其购买股票投入的资金。当发行单位破产时，相对于所有权证券而言，债券证券能优先得以清偿，故所有权证券远比债券证券风险大。

（二）证券投资的目的

证券投资具有方便快捷，变现能力强，因而受到公司的关注，它是公司一项重要投资活动。但证券投资专业性强、风险大，若投资运用得好，能大大提高公司整体资产的获利能力，若运用得不好，会带来巨大的损失。所以，公司在进行证券投资前需要明确其投资目的，以便更好地指导其投资行为。

证券按其投资时期的长短，分为短期证券投资和长期证券投资。短期证券投资和长期证券投资目的是不同的。

短期证券投资的目的是为了充分利用闲置资金进行盈利性投资。在这一目的下进一步衍生出三个更为具体的目的：一是出于投机的目的；二是与筹集长期资金相配合的目的；三是调剂资金余额，保持资金需求量均衡的目的。证券市场存在投机，投机是指通过预期市场行情的变化而赚取收益的经济行为。公司出于投机的目的，一般利用暂时闲置不用的资金，买卖短期证券获取资本利得。企业通过发行长期证券获得的资金通常是分次使用，为了发挥资金的效率而暂时将不用的资金买卖短期有价证券获得收益。一些从事季节性生产或经营的企业在一年中某些月份有剩余资金，而其他月份则出现现金短缺，由于现金这种资产不能给企业带来盈利，企业在有剩余现金时购买一定量的有价证券代替大量持有现金，而在需要现金的月份则通过出售证券获得现金，这样既能有效地运用资金，又能满足生产经营对资金的需求。

长期证券投资的目的相对来说比较复杂，通常可以概括为下面三个目的。

（1）建立偿债基金和发展基金。企业在生产经营过程中，不可避免地有些长期负债，如长期借款或应付债券，或是应付长期租赁款。这些长期负债到期是一笔较大的开支，企业在平时必须统筹好现金流以备到期时偿还。将这笔现金流存入银行获得的收益比较低，企业可以将其投资于债券等收益稳定的债券，在较长时间获得较高的现金收入，从而保证在未来时点的资金支付。即便没有长期偿债压力，企业为了捕捉更好的投资机会，也有必要将资金投到一些变现能力强、收益比较大的证券上，为今后的发展做准备。

（2）进行多元化投资，分散投资风险。现代投资组合理论证明，进行多元化投资可以分散非系统性风险。直接进行实业性的多元化投资耗费时间长、投资限制多、投资成本高、风险大。而利用证券投资，便于进入某个新行业，达到多元化投资的目的。

（3）为对某企业实行控制或实施重大影响而进行的股权投资。企业为扩大经营范围，提高市场份额或影响力，需要对某些特定的企业进行控制或实施重大影响，这可以通过股票投资得以实现，如企业实施横向一体化或纵向一体化的并购。横向一体化是指同业间的一体化，如：手机电池制造厂商并购另一家手机电池厂商，扩大了规模；纵向并购一体化是行业上下游间的一体化，如：手机电池厂商对下游手机电池销售商的并购，对上游原材料厂商的并购，这样达到一条龙式的生产经营态势，可以节约交易成本并提高企业整体的盈利性水平。

（三）证券投资风险和收益的衡量

1. 证券投资风险衡量

风险和收益对于财务管理这门学科很重要，从某种程度上来说，财务管理是对风险进行防范、计量和控制的一门学科。证券投资属于财务管理企业投资的重要内容，对风险和收益的衡量也必然是其考虑的范畴。

1）证券投资风险的含义

证券投资风险是指投资者在证券投资过程中遭受损失或达不到预期收益的可能性。这种损失可以在经济层面，也可以在心理层面，因而可以将证券投资风险分为经济风险和心理风险。尽管心理风险很重要，但对其难以衡量，同时鉴于心理风险和经济风险的紧密联系，所以多数情况下仅就经济风险展开分析。证券的经济风险是指证券投资由于公司或市场的原因造成投资者经济损失的风险。经济风险源于证券发行主体的变现风险、违约风险以及证券市场的利率风险、通货膨胀风险和汇率风险。

①变现风险，指投资者不能按一定的价格及时卖出有价证券收回现金而承担的风险。

②违约风险，指债券发行人不能按期支付利息和偿还本金而导致债券投资者遭受损失的风险。在政府债券、金融债券和企业债券之间，政府债券由于政府的信誉高违约风险最小，其次是金融债券，企业债券违约风险最大。

③利率风险，指因利率的变动引起有价证券市价下跌，从而使投资者遭受损失的风险。通常情况下，银行利率和有价证券市价存在这样的关系：利率上升，有价证券市价下跌；利率下降，有价证券市价上升。

④通货膨胀风险，指由于通货膨胀使投资者在有价证券出售或到期收回现金时由于实际购买力下降而承担的风险。通常认为股票收益能很好地弥补通货膨胀带来的风险，而债券在通货膨胀的情况下则会带来损失。

⑤汇率风险，汇率的变化会影响证券价格。如果一国货币贬值，可能会导致资本流出本国，从而使股票价格下跌；相反则可能导致境外资本的流入，导致股票价格上

升，但部分行业的公司有可能在货币升值的情况下出口不利，导致其股票价格下跌。

2）证券投资风险的衡量

证券投资的风险，无论是变现风险，还是利率风险，抑或是通货膨胀风险，最终都会体现在投资者收益的稳定性上。投资者收益的变动与证券投资风险具有等同的含义。通过衡量投资者投资收益的变动程度可以揭示出证券投资风险的大小。衡量收益变动程度的量主要是方差、标准离差和标准离差率。标准离差或标准离差率越大，表明该证券投资收益的不稳定性越大，相应的投资风险也就越高；反之，则越小。

衡量单一证券的投资风险对于证券投资具有极为重要的意义，它是投资者选择适宜投资对象的基本出发点。如果有多种证券可供投资者选择，在它们具有相同的期望收益率的前提下，投资者显然会倾向于风险低的证券，因为投资者在获得相同收益时却承担了较小的风险；同样，在它们风险相同的情况下，投资者则会选择收益率最大的证券，因为投资者在承担相同的风险时却获得最大的收益。但是，如果证券市场上可供选择的证券的期望收益率与风险程度均存在差异时，则需要根据不同投资者的收益偏好、风险态度以及对风险损失的承受能力而加以具体分析。有效的方法是通过不同证券收益与风险对称关系的分析，选择那种相对收益较相对风险最大的证券进行投资。

用各种可能的收益对其期望值的标准离差或标准离差率来评价证券投资的风险程度，是当前普遍采用的一种较为合理的方法。当然这种方法也存在缺陷，如：投资者在判断某种证券投资的风险程度时，通常考虑的并不是各种可能的收益率和期望收益率的偏离程度，而是该种证券在多大程度上实现不低于市场平均水平的收益率，或至少不应低于无风险的政府债券投资收益。因此，以市场平均利润率或政府债券利率衡量某一证券投资的风险更有现实意义。

2. 证券投资收益衡量

证券投资收益是指投资者进行证券投资所获得的净收入，主要包括债息、股利与资本利得等。由于不同的有价证券有不同的收益方式，因此对证券投资收益的衡量应该结合具体的证券种类。

投资所分的利润、利息、股息、红利所得。投资收益在税收上是作为企业所得税的应税项目，应依法计征企业所得税。投资方企业从被投资的联营企业分回的税后利润，如投资方企业所得税税率低于联营企业，则不退还已缴纳的所得税，如投资方企业的适用税率高于联营企业的税率，投资方企业分回的税后利润应按规定补缴企业所得税。

补缴企业所得税的计算公式如下：

来源于联营企业的应纳税所得额＝投资方分回的利润额÷(1－联营企业所得税税率)

应纳所得税额＝来源于联营企业的应纳税所得额×投资方适用税率

税收扣除额＝来源于联营企业的应纳税所得额×联营企业所得税税率

应补缴所得税额＝应纳所得税额－税收扣除额

上述联营分回利润补税的规定仅限于地区税率差异，如果联营企业因享受税收优惠而适用税率低于投资方适用税率的，则不需补税。

三、债券投资

（一）债券投资概述

我国现阶段的债券投资具有一些特点，为熟悉债券投资管理，财务人员有必要理解债券投资的概念和债券投资的种类，除此之外，有必要理解我国现阶段债券和债券发行的一些特点：第一，国债占有绝对比重。从 1981 年起，我国开始发行国库券，以后又陆续发行国家重点建设债券、财政债券、特种国债和保值公债等。在每年发行的债券中，国债的比例在 60%以上；第二，已发行的债券多为一次还本付息和利随本清式存单型债券，且单利计算，平价发行；第三，企业债券利率相对较低，主要是大型公司发行的。

1. 债券投资的概念

债券投资是企业以债券为投资对象，获取投资收益的一种投资行为。这里的投资收益既可以是获取利息收益，也可以是通过低买高卖方式获取资本利得。

2. 债券投资的种类

债券投资按照不同的分类标准，可以有不同的分类，常见的分类可有下面几种。按照发行主体分，可将债券分为政府债券、金融债券和企业债券；按照有无担保，可将债券分为信用债券、抵押债券和担保债券；按是否记名，可以将债券分为记名债券和无记名债券；按照利息支付方式，又可以将债券分为永久债券、零息债券和非零息债券。

（1）按照发行主体分为政府债券、金融债券和公司债券。

我国政府债券有两种：中央政府债券和地方政府债券。中央政府债券也称国家债券，地方政府债券也称为地方证券。国家债券俗称为国库券。国库券的偿还期限长短不一，西方国家的国库券一般为短期政府债券，通常分为 3 个月、6 个月、9 个月和 1 年期四种；我国的国库券一般是中长期政府债券，主要有 2 年、3 年、5 年和 10 年期的。国库券的发行可以采用贴现发行方式和平价发行方式，在西方国家一般采用贴现发行方式，发行价格低于国库券的面值，票面不标明利率，到期时按面值偿还，发行价格与面值之差就是利息。我国一般都采用平价发行，按面值发行，票面标明利率，到期一次或分次还本付息。国库券是以国家财政作为担保，信用度很高，是证券市场上风险最小的证券，所以投资国库券的安全性是很高的。但是，投资时要注意其流动性，西方国家的国库券一般都可以在市场上流通。在我国，国库券一般有凭证式国库券和实物式国库券两种，前者不能上市流通，可以提前兑现，后者可以上市流通。

金融债券是指由银行或非银行金融机构为筹集信贷资金而向投资者发行的债券。金融债券一般为中长期债券，主要向社会公众、企业和社会团体发行，金融债券的发行须经过中央银行的批准。金融证券的分类标准很多，一般按发行条件可以分为普通金融债券、累进利息金融债券和贴现金融债券。普通金融债券是一种定期存单式的到期一次还本付息的金融债券，期限以中短期居多，均以平价发行，利率略高于同期银行存款利率，实行单利计息；累进利息金融债券是指由金融机构发行的期限浮动、利率与期限挂钩和分段累进计息方式的金融债券；贴现金融债券也称为贴水金融债券，是指金融机构在一定期限内按一定的贴现率以低于债券票面价值的价格折价发行的一种金融债券，这种债券的票面金额是到期兑付的本息之和，票面金额与发行价格的差额是债券的利息。

公司债券是股份有限公司和有限责任公司为筹集长期债权资本而向投资者发行的债券。公司债券的种类繁多，笔者主要介绍三种：参与公司债券和非参与公司债券、上市公司债券和非上市债券、附额外权益债券和非额外权益债券。

参与公司债券是指除可获得预先规定的利息外，还享有一定程度的参与发行公司盈余分配的权利，非参与公司债券则不具有参与盈余分配的权利，公司债券大多都是非参与公司债券，参与公司债券的很少。

上市公司债券指经过有关机构审批，可以在证券交易所买卖的债券，非上市证券则不容许在证券交易所交易。公司债券上市能提高公司的知名度，同时还能加快债券的变现，因此，公司都希望自己的债券上市交易。

附额外权益的债券主要有三类，即收益证券、可转换债券和附认股权债券。收益债券是指只有当发行公司有税后收益可供分配时才支付利息的一种债券。可转换债券是指根据发行公司债券募集办法的规定，债券持有人可以将其转换为发行公司的股票，发行可转换债券的公司应规定转换办法，并应按转换办法向债券持有人换发股票。附认股权债券是指所发行的债券附带一种允许债券持有人以特定价格认购股票的长期选择权。

(2) 按有无担保，可将债券分为信用债券、抵押债券和担保债券。

信用债券又被称为无担保债券，是指仅凭债券发行人的信用发行，没有抵押品作抵押或担保人作担保的债券。企业发行信用债券往往有许多限制条件。由于这种债券没有具体财产作抵押，因此，只有历史悠久、信誉良好的公司才能发行这种债券。

抵押债券是指以一定抵押品作抵押而发行的债券。当企业没有足够的资金偿还债券时，债权人可将抵押品拍卖以获取资金。抵押债券按抵押物品的不同，又可以分为不动产抵押债券、设备抵押债券和证券抵押债券。抵押债券还可以按抵押品的先后担保顺序分为第一抵押债券和第二抵押债券。公司解体清算时，只有在第一抵押债券持有人的债权已获得清偿后，第二抵押债券持有人才有权索偿剩余的财产，因此，后者要求的利率相对较高。

担保债券是指由一定保证人作担保而发行的债券。当企业没有足够的资金偿还债券时，债权人可以要求保证人偿还。保证人应是符合《中华人民共和国担保法》的企业法人，且应同时具备以下条件：净资产不能低于被保证人拟发行债券的本息；近三年连续盈利，且有良好的业绩前景；不涉及改组、解散等事宜或重大诉讼案件；中国人民银行规定的其他条件。

(3) 按债券是否记名，可以将债券分为记名债券和无记名债券。

记名债券是指在券面上注明债券人姓名或名称，同时在发行公司的债权人名册上进行登记的债券。转让记名债券时，除要交付债券外，还要在债券上背书和在公司债权人名册上更换债权人姓名或名称。投资者须凭印签领取利息。这种债券的特点是比较安全，但转让手续复杂。

无记名债券是指债券票面未注明债权人姓名和名称，也不用在债券人名册上登记债权人姓名或名称的债券。无记名债券在转让同时随即生效，无需背书，因而比较方便。但无记名债券的安全性比较低，正因为如此，我国规定一律只许发行记名债券。

(4) 按照支付利息的方式，可以将债券分为永久债券、零息债券和非零息债券。

永久债券，在英国也被称为金边债券，是一种没有到期日永久支付利息的债券。这种债券英国现在还存在，美国也曾发行过，但在券面上有一个赎回条款。事实上，这种债券可以看成是一种永续年金，其现值求法和永续年金公式一样。

零息债券又称纯贴现债券，是一种只支付终值的债券。投资者购买这种债券的收益包括两个部分：一是自债券发行日起随其价值逐渐升高而带来的增值；二是以低于面值的价格购买而到期时以面值被赎回时，面值与购买价间的差额。

非零息债券是指每期期末支付利息的一种债券或到期一次还本付息的债券，在证券市场上这种每期期末支付利息的债券很常见，可以说通常所见的都是这种债券。

（二）债券投资的估价

债券估价是债券投资必须考虑的问题。只有对债券进行正确的估价，揭示各种债券内在价值时，才能更好地做出投资决策。当债券市场价格小于债券的内在价值时，该债券值得投资；反之则不宜投资。

1. 影响债券价值的因素

（1）债券的面值。债券面值是发行者计息，偿付本金的依据。债券的面值包括两项内容：一是币种，二是票面金额。面值的币种可以用本国货币，也可以用外币，这取决于发行者的需要和债券的种类。债券的票面金额是债券到期时偿还债务的金额，面值印在债券上，固定不变，到期必须足额偿还。

（2）债券的期限。债券一般都有明确的到期日，债券从发行日起，至到期日止的时间称为债券的期限。在债券的期限内，公司必须定期支付利息，债券到期时，必须偿还本金。

（3）债券的票面利率。债券上一般载明利率，且通常为固定利率，也有少数为浮动利率。债券上的利率为年利率，面值与利率相乘可以得出年利息。

（4）市场利率。债券价值的计算通常是把债券未来的现金流入折现。折现所采用的折现率是当时的市场利率或投资者要求的必要报酬率。拿投资者要求的必要报酬率来说，投资者设定后“必要报酬率”必须不低于当时的市场利率。

2. 债券的估价

债券的价值也称债券的内在价值，是指债券未来现金流入按投资者要求的必要报酬率进行贴现的现值，由将来支付利息的现值与到期偿还本金的现值之和组成。只有债券的价值大于其购买价格，才能获得投资收益。所以，债券价值是进行债券投资决策时使用的主要指标。

（三）债券投资的评价

1. 债券投资的优点

（1）资金安全性高。与股票相比，债券投资风险比较小。政府发行的债券有国家信誉作担保，几乎不存在违约风险，通常视为无风险债券。企业的债券风险较高，但企业破产时，企业债券的持有人有优先求偿权，先于股东分得企业资产，其本金损失的可能性较小。

（2）市场流动性好，易于变现。政府或信誉等级较高的上市公司的债券流动性较好，一般可以在金融市场上进行出售和转让。

（3）收入稳定性强。债券票面一般标有固定利率，债务人有按时支付利息的法定义务。因此，在正常情况下都能获得比较稳定的收入。

2. 债券投资的缺点

（1）购买力风险较大。债券的面值和利息率在债券发行时，本金和利息的购买力将不同程度地减少；在通货膨胀率非常高时，投资者名义上获得收益，但事实上已处于亏损。

（2）没有经营管理权。投资债券只是获得收益的手段，无权对被投资企业的经营管理施加影响并加以控制。

第三节 流动资产的管理

一、流动资产管理概述

（一）流动资产的意义和特点

1. 流动资产的意义

流动资产是指可以在一年内或者超过一年的一个营业周期内变现或者运用的资产。

流动资产在企业资产总额中占有很大的比重，在生产经营活动中具有较强的流动性。流动资产的多少表明了企业短期偿债能力的强弱，因此它在企业资产中占有最重要的地位。流动资产的货币表现是流动资金，合理有效地使用流动资金，组织流动资金的良性循环是保证企业生产经营活动持续、稳定、协调开展的基本条件。

2. 流动资产的特点

流动资产与固定资产相比较，主要具有以下四个特点。

（1）流动性强、周转速度快。流动资产开始时通常以货币形态投入企业。随着生产经营活动的开展，流动资产从货币形态通过购进过程，表现为材料形态；材料投入生产后通过生产过程又转变为在产品形态，产品验收入库后，又转变为产成品形态，产成品通过销售过程又转变为货币形态。因此，流动资产的流动性较强，随着生产经营活动的开展，不断地改变其形态。流动资产不同形态的相继转换，周而复始地循环，形成了流动资产的周转。流动资产在一个营业周期内完成一次循环，其循环的期限短，而固定资产要几个、甚至几十个营业周期才完成一次循环。相比之下，流动资产的周转速度要快得多。

（2）实物和价值的耗费与补偿同时完成。企业的生产经营活动过程，也就是流动资产的各项物质要素的耗费与补偿的过程①。固定资产由于要在几个、甚至几十个营业周期才完成一次循环，因此其实物更新与价值补偿是分别进行的。而流动资产的耗费随着一个生产经营周期的结束，通过销售收入的实现和货款的回笼即得到补偿，因此其在一个营业周期内同时完成实物和价值的耗费与补偿。这就意味着企业完成了一个营业周期的同时，其流动资产也循环周转了一次。

（3）占用形态相继转换又同时存在。企业的流动资产总是以货币、材料、在产品、产成品、应收账款的形态存在于企业生产经营过程中的各个阶段上。由于企业的生产经营活动是持续不断进行的，因此其流动资产的占用形态在时间上是按照购进过程、生产过程和销售过程的顺序相继转换的，并且在空间上又是同时存在的。这种相继转换和同时存在是互为条件、互相制约的，共同决定了流动资产的周转状况。

（4）占用数额具有较大的波动性。流动资产在企业生产经营过程中，由于季节性原因或者生产和管理等方面的原因，在供、产、销各个阶段资产的需用额往往起伏较大；在高峰期和低潮期流动资产的占用数额差距较大，这就需要管理人员找出规律，兼顾高、低峰期资产的合理占用。

（二）流动资产的分类

为了合理地运用流动资产，加强对流动资产的管理，应该对流动资产进行科学地分类，按照流动资产的占用形态不同，流动资产可分为现金、应收及预付款项、短期投资和存货等。

1. 现金

现金是指企业在生产经营活动中停留在货币形态的那部分资产，它包括库存现金、银行存款和其他货币资金。现金是流动性最强的资产，可以用于支付货款和费用、偿还债务及用于其他对外各项经济往来的结算等。

2. 短期投资

短期投资是指企业利用暂时闲置的资金投资于随时能变现或转让、并准备在一年内变现的各种有价证券。它包括可以在证券市场上随时流通的股票、债券等。

---

① 孙镜雅．关于企业财务管理内部控制要点的思考［J］．现代商业，2022（10）．

3. 应收及预付款项

应收及预付款项是指企业在日常生产经营过程中发生的各项债权的款项。它包括应收账款、应收票据、预付账款、其他应收款和待摊费用。在市场经济条件下，企业为了增强竞争能力，必然会发生应收及预付款项，故应采取措施，及时收回，以免发生坏账损失。

4. 存货

存货是指企业在正常生产经营过程中持有以备出售的产成品或商品，或者是为了出售仍然处在生产过程中的在产品，或者将在生产或提供劳务过程中耗用的材料、物料等。存货是企业开展生产经营活动最重要的物质条件，并且在流动资产中占有极大的比重。

（三）流动资产管理的原则

在企业中，由于流动资产是资产总额中最重要的组成部分，因此流动资产管理是资产管理的中心环节，为了有效地运用流动资产，在管理上应遵循下列原则。

1. 建立和健全各项流动资产的内部管理制度

流动资产数额很大，涉及企业的各个职能部门，因此必须根据财政部制定的财务制度，结合企业的实际情况，建立和健全对现金、应收及预付款项和存货等的流动资产的内部管理制度，以防流动资产的散失、浪费和损失，从而为流动资产的科学管理创造条件。

2. 正确预测流动资产需要量

流动资产需要量是指企业在会计期间所需要的合理的流动资产占用额。企业流动资产需要量的多少，主要取决于生产经营规模的大小和流动资产周转速度的快慢。通常，流动资产需要量与生产经营规模成正比例，而与流动资产周转速度成反比例，企业应根据生产经营规模和流动资产的周转速度，正确预测流动资产需要量，做到既能满足生产经营业务的需要，又能避免积压和浪费，从而为合理使用流动资产提供依据。

3. 及时、合理地筹集和供应流动资产所需要的资金

公司应根据预测的流动资产需要量，及时地筹集和供应流动资产所需要的资金，从而保证生产经营活动的顺利开展。企业在筹集和供应流动资产所需要的资金时，要考虑其合理性，应选择资金成本低和财务风险小的筹资渠道和方式，并应及时收回应收款项，以尽快地发挥资金使用效益。

4. 保持企业有足够的偿债能力

偿债能力是指企业偿还到期债务的能力。无力支付到期的债务，将会影响企业的信誉，因此，企业必须合理地配置各项流动资产，保持足够的偿债能力，以维护企业良好的商业信誉和社会形象。

二、现金的管理

（一）企业持有现金的动机

现金是企业流动资产中流动性最强、最有活力的资产，然而却是盈利能力较弱的资产。企业持有现金主要有以下三个动机。

1. 交易动机

交易动机是指企业在正常生产经营秩序下，应当保持一定的现金支付能力。企业需要用现金支付购买原材料的价款、支付职工工资等各种费用、缴纳税款、偿付到期债务、发放现金股利等，以满足日常生产经营活动的需要，并通过销售活动，售出商品收回现金。企业通过购进、生产、销售三个过程，使现金得以增值。然而，企业的现金收入与现金支出不可能同步进行，况且企业为了在推销产品时增强竞争力，往往为客户提供商业信用，因此企业应持有一定数额的现金，以保证在现金收支暂时不平衡时，不影响日常各项经济往来的结算。

2. 预防动机

预防动机是指企业为了应付突发事件而需要保持一定数额的现金支付能力。企业预测的现金持有额通常是指正常生产经营情况下的现金需要额，然而企业预计的现金流量往往会发生偏差，况且由于市场行情的瞬息万变和其他各种不测因素，如水灾、火灾、生产事故等，使现金收支失去平衡。企业持有预防意外情况的现金，将能更好地应付各种突发事件的发生。确定用于预防动机的现金需要额取决于以下三个方面：一是企业对现金流量预测的准确程度；二是企业临时举债能力的强弱；三是企业愿意承担现金短缺风险的程度。倘若企业预测现金流量的准确性较高，临时举债的能力较强，愿意承担现金短缺的风险较大时，用于预防动机的现金可以少一些；倘若企业预测现金流量的准确性较低，临时举债能力较弱，愿意承担现金短缺的风险较小时，用于预防动机的现金可以多一些。

3. 投机动机

投机动机是指企业为了抓住各种稍纵即逝的市场机会，获取较大利益而持有一定数额的现金。企业应持有一定数额的现金，当预期有价证券行情将上涨时，及时予以购进。或者相关行业的某些企业宣告破产后，以较低的价格出售存货或设备时，企业就可以抓住这一有利时机，予以购进，从中获取短期投资收益或较优惠的存货成本以及低价的固定资产等。

（二）现金管理的目的

现金管理的目的，首先，是使企业严格按照国家的方针政策和财经制度，有计划地组织现金的收支活动。其次，做好现金流入与现金流出的预测工作和日常管理工作，使企业持有适量的现金。由于现金是能够直接充当支付手段的资产，而其盈利能力又较低，因此，既要避免为保持企业较强的支付能力和偿债能力、维护企业良好的市场信誉而拥有过多的现金，进而影响企业的经营规模和盈利能力，又要避免片面强调经营规模和盈利能力，将过多的现金购置存货而丧失应有的支付能力和偿债能力，进而影响企业的市场信誉。再次，有利于保护现金的安全。由于现金流动频繁，又具有广泛的流通性，容易被不法分子挪用和贪污。而通过对现金的管理可以堵塞漏洞和弊端。

（三）现金预算的编制

现金预算是指反映企业预算期内由于生产经营活动、投资活动和筹资活动而引起的现金流入量、现金流出量和现金多余或短缺额及现金融通情况的预算。通过现金预算以规划和控制企业的现金流量，提高现金的运用效率。现金预算的编制方法主要有现金收支法和净利润调整法两种。

1. 现金收支法

现金收支法又称直接编制法，它是指以预算期内可能发生的现金流入量和现金流出量为依据来编制现金预算表的方法。用现金收支法编制的现金预算表，由经营活动产生的现金流入量、经营活动产生的现金流出量、经营活动产生的现金净流量、现金净流量、现金多余或不足额和现金融通六个部分组成。

（1）经营活动产生的现金流入量。预算期内经营活动产生的现金流入的来源主要有销售商品、提供劳务收到的现金、收到的税费返还和收到的其他与经营活动有关的现金等三个方面。

1）销售商品、提供劳务收到的现金。它是指预算期内销售产品和提供劳务收到的现金，前期销售产品和提供劳务预算期内收到的现金、销售产品实际收到的增值税额，以及本期预收的账款。销售产品收到的现金，可以根据预测的产品销售额区分各种产品销售中现销与赊销各自所占的比例，再分析以赊销方式实现的销售与其货款回笼之间的间隔时间，并考虑赊销产品将会出现的现金折扣和坏账损失等因素后确定。预算期内实际收到的增值税额可以根据销售产品和提供加工、修理、修配劳务确定的预算期收入的现金，乘以相应的增值税税率确定。预算期内若有预收账款的，还要加上预收账款。预算期内提供劳务收到的现金确定的方法与销售产品收到的现金确定的方法相比较，除了不存在发生现金折扣因素外，也要考虑现销与赊销的比例和坏账损失及预收账款的因素。

2）收到的税费返还。它是指预算期内实际收到返还的增值税额和其他税费。返还的增值税额可以根据预算期内出口产品的销售额乘以相应的减税率确定。

3）收到的其他与经营活动有关的现金。它是指预算期内，除了上述现金来源以外的与经营活动有关的其他的现金收入。可以根据预算期内预计的罚款现金收入、没收包装物押金收入、流动资产损失中获得赔偿的现金收入以及收取出租或出借包装物的押金等确定。

（2）经营活动产生的现金流出量。预算期内经营活动产生的现金流出的渠道主要有：购买商品、接受劳务支付的现金；支付给职工以及为职工支付的现金；支付的各项税费；支付的其他与经营活动有关的现金。

1）购买商品、接受劳务支付的现金。它是指预算期内购买商品和接受劳务而支付的现金、预算期内支付前期购进商品、接受劳务的未付款项和预算期内预付的账款，以及企业购进商品等实际以现金支付的能够抵扣销项税额的进项税额。这里所指的商品是广义的商品，包括原材料、库存商品、包装物和低值易耗品等存货。购买商品支付的现金可以根据预测的存货采购额，区分各种存货采购中付现与赊购各自所占的比例，再分析以赊购方式购入的存货与支付其货款之间的间隔时间，并考虑赊购存货将会享有的现金折扣，如预算期内有预付账款的，还要加上预付账款等因素后确定。预算期内企业以现金支付购买商品而发生的增值税进项税额可以根据已确定的预算期购买商品支付的现金，乘以相应的增值税税率确定。预算期内接受劳务支付的现金确定的方法，与购买商品支付的现金确定的方法相比较，除了不存在享有现金折扣的因素外，也要考虑付现与赊购的比例及预付账款的因素。

2）支付给职工以及为职工支付的现金。它是指在预算期内实际支付给职工以及为职工支付的现金。可以根据预算期内预计支付给职工的工资、奖金、各种津贴和补贴以及为职工支付的养老保险、医疗保险和住房公积金等。

3）支付的各项税费。它是指预算期内将支付给税务部门的各种税费。它主要包括增值税额、所得税额、营业税额、消费税额、城市维护建设税额和教育费附加等。

增值税额可以根据预算期内预测的产品销售额和提供加工、修理、修配劳务收入额乘以相应的增值税率求得增值税销项税额，减去预算期内预测的存货采购额乘以相应的增值税税率求得的增值税进项税额后确定。由于增值税额是在次月交给税务部门的，因此预算期 1 月份的数额要根据报告期 12 月份的资料进行预测，以此类推进行计算。

4）支付的其他与经营活动有关的现金。它是指在预算期内除了支付上述三个渠道以外的与经营活动有关的其他现金支出。可以根据预算期内预计的差旅费、业务招待费、保险费、修理费、捐赠现金支出、罚款现金支出及上述三个渠道以外的期间费用的现金支出、营业外的现金支出和租入或借入包装物的押金支出等确定。

（3）经营活动产生的现金净流量。它是指预算期内经营活动产生的现金流入量与经营活动产生的现金流出量之间的差额。若现金流入量小于现金流出量则用负号表示。

（4）现金净流量。它是将预算期内经营活动产生的现金净流量加上投资、筹资活动产生的现金流入量，减去投资、筹资活动产生的现金流出量后而取得的。

1）投资、筹资活动产生的现金流入量。预算期内投资、筹资活动产生的现金流入的来源主要有：收回投资所收到的现金；取得投资收益所收到的现金；处置固定资产、无形资产和其他长期资产所收回的现金净额；吸收投资所收到的现金；借款所收到的现金。

2）投资、筹资活动产生的现金流出量。预算期内投资、筹资活动产生的现金流出的渠道主要有：购建固定资产、无形资产和其他长期资产所支付的现金；投资所支付的现金；偿还债务所支付的现金；分配股利、利润或偿付利息所支付的现金；支付的其他与筹资活动有关的现金。

（5）现金多余或不足额。它是指现金净流量加上期初现金余额，减去现金最低需要额后的余额。余额为正数，表示现金多余额；若余额为负数，表示现金不足额。

1）期初现金余额。预算期期初现金余额即报告期期末现金余额。

2）现金最低需要额。它是指为了防止企业销售收入的被动性以及各种不测因素的影响而使现金预算具有一定的弹性，企业必须保留的现金余额。

（6）现金融通。它是指对预算期企业现金多余或不足的情况，采取措施，予以调节。当出现现金多余时，可用以归还银行借款或购买有价证券进行短期投资，以充分利用现金；当出现现金不足时，则应向银行借款或转让有价证券予以弥补。

现金收支法编制现金预算是根据预计的各个现金收支项目确定的，直接明了，有利于企业对现金收支执行情况进行控制和分析，以保持现金合理的持有量，并防止发生现金不足的财务困境。但是现金收支法无法将按收付实现制原则编制的现金预算与企业预算期的净利润的密切关系清晰地反映出来，因此难以揭示企业虽然净利润可观，却出现现金短缺或者虽然发生亏损，却出现现金宽裕的原因。

2. 净利润调整法

净利润调整法又称间接编制法，它是指以预算期按权责发生制原则确定的净利润为基础，通过对非现金费用、影响净利润的投资、筹资活动支出和债权债务以及存货和增值税的变动额的调整，将预算期净利润调整为经营活动产生的现金净流量来编制现金预算表的方法。用净利润调整法编制的现金预算表由净利润、经营活动产生的现金净流量、金多余或不足额和现金融通五个部分组成。采用这种方法的净利润由利润预算表确定。这种方法的关键是将按权责发生制原则确定的净利润，调整成为按收付实现制原则确定的经营活动产生的现金净流量。现金净流量、现金多余或不足额和现金融通三个部分的编制方法与现金收支法相同，不再重述。

将净利润调整为经营活动产生的现金净流量要考虑非现金费用，影响净利润的投资、筹资活动支出、债权债务变动额和存货增加额等四个因素。

（1）非现金费用。它是指预算期间不用现金支付的费用。它包括计提的资产减值准备、固定资产折旧、无形资产摊销、长期待摊费用摊销、待摊费用的减少和预提费用的增加等项目。这些项目虽然引起净利润的减少，但是却没有流出现金，因此净利润在调整时要加上非现金费用。

（2）影响净利润的投资、筹资活动支出。它包括处置固定资产、无形资产和其他长期资产的损失、固定资产报废损失、财务费用和投资损失等项目，而这些项目反映的是企业的投资或筹资活动，却减少了企业的净利润，因此净利润在调整时，要加上影响净利润的投资、筹资活动支出。

（3）债权债务变动额。它由债权变动额和债务变动额两部分组成。反映债权变动额的项目是应收账款、应收票据的增减；反映债务变动额的项目是应付账款、应付票据的增减。这两个项目虽然与净利润无直接关系，但是债权变动额的增加，意味着销售的增加从而引起净利润的增加，却没有发生现金流入，而债务变动额的减少，却发生了现金流出，因此，净利润在调整时要减去债权债务变动额。

（4）存货增加额。存货虽然与净利润无直接关系，但其增加意味着预算期存货购进额大于销售额，从而发生了现金流出，因此净利润在调整时要减去存货增加额。

净利润调整法编制的现金预算不仅揭示了现金净流量与企业净利润的关系，而且还能揭示企业虽然净利润可观，却出现现金短缺或者虽然发生亏损，却出现现金宽裕的原因。但是净利润调整法由于无法反映经营活动现金收入和支出的具体数据，因此影响了对现金收支实行有效控制和调整的力度。

(四) 最佳现金持有量的确定

最佳现金持有量是指所花费的代价最低，却能给企业带来最大的经济效益的现金持有量。由于现金是盈利能力最弱的资产，因此当企业持有的现金高于最佳现金持有量时，将会影响企业的经济效益。但是，当企业持有的现金低于最佳现金持有量时，将会影响企业资金的正常周转，增加其财务风险。

1. 确定最佳现金持有量的因素

确定最佳现金持有量的因素主要有机会成本、管理成本、短缺成本和转换成本。

(1) 机会成本。现金的机会成本是指企业因持有现金而丧失的其他形式的投资收益。因此机会成本通常以企业的投资报酬率来表示，也可以有价证券的利率或资金成本率来表示。企业的现金持有量越多，其机会成本也就越大；反之，企业的现金持有量越少，则其机会成本也就越小。

(2) 管理成本。现金的管理成本是指持有现金而发生的管理费用，如管理人员工资和安全措施费等。这些费用是现金的管理成本。管理成本是一种固定成本，与现金持有量之间无明显的比例关系。

(3) 短缺成本。现金的短缺成本是指企业因缺少必要的现金，不能应付业务开支所需，而使企业蒙受的损失或为此付出的代价。它包括丧失购买能力的成本，如企业因缺少现金而不能及时购买原材料，使生产中断造成的停工损失；失去优惠折扣和信用成本，如因企业缺少现金，无力提前付款，而丧失了借贷方提供的现金折扣，甚至不能在信用期内付款，影响了企业的信誉。企业的现金持有量越多，其短缺成本就越少；反之，企业的现金持有量越少，其短缺成本就越大。

(4) 转换成本。现金的转换成本是指企业因买卖有价证券而发生的交易费用，即现金同有价证券之间相互转换的成本。如委托买卖股票的佣金、印花税、过户费等费用和委托转让债券的佣金等费用。企业的现金持有量越多，有价证券变现的次数就越少，其转换成本也就越小；反之，企业的现金持有量越少，有价证券变现的次数就越多，其转换成本也就越大。

2. 确定最佳现金持有量的方法

确定最佳现金持有量的方法主要有成本分析模式、存货模式和随机模式三种。

(1) 成本分析模式。它是指根据持有现金的有关成本，分析预测其总成本最低时现金持有量的方法。

成本分析模式确定最佳现金持有量，只考虑机会成本、短缺成本和管理成本，而不考虑转换成本。机会成本是因持有现金而丧失的再投资收益，其与现金持有量成比例关系；短缺成本与现金持有量成反方向变化；而管理成本是固定成本。

（2）存货模式。它是指根据存货的经济进货批量模式的基本原理，将现金的机会成本与有价证券的转换成本进行权衡，以确定企业最佳现金持有量的方法。这种方法只考虑机会成本和转换成本，而不考虑管理成本和短缺成本。

运用存货模式确定最佳现金持有量要建立在以下假设的基础上：一是企业在一定时期内现金需要量比较均匀，并且可以预测；二是企业所需现金均可通过有价证券变现取得；三是有价证券的利率或报酬率已知；四是每次将有价证券变现的交易费用已知。

企业期初持有的现金最高量，通过一段时期的生产经营、投资和筹资等各种经济活动，到期末现金持有量降为零，就通过转让有价证券进行补充，以恢复下一周期的现金持有量，再用于各种经济活动。

（3）随机模式。它是指根据随机现象出现的各种数据，运用概率和数理统计方法，以确定企业最佳现金持有量的方法。这种方法通常在企业的现金需要量难以准确预测，且呈不规则波动时采用。

随机模式是企业根据历史资料确定现金持有量的上限和下限，形成一个现金控制范围。当现金持有量达到上限时，将现金转换成有价证券；当现金持有量降到下限时，则将有价证券转换成现金，从而使现金持有量始终处于被控制范围之内。

三、应收账款的管理

（一）应收账款的功能

应收账款是指企业因销售产品、材料，提供劳务等业务，应向购货单位及接受劳务单位收取的款项。

应收账款的功能是指应收账款在企业生产经营中所具有的作用，它主要有以下两项功能。

1. 促进销售

企业销售产品时可以采取两种基本方式，即现销方式与赊销方式。现销方式最大的优点是应计现金流入量与实际现金流入量完全吻合。这样既能避免呆账、坏账损失，又能及时地将收回的款项投入再增值过程，因此，这种方式是企业最期望的一种销售结算方式。

然而，在竞争激烈的市场经济条件下，完全依赖现销方式往往是不现实的。由于在赊销方式下，企业在销售产品的同时，向买方提供了可以在一定期限内无偿使用的资金，即商业信用资金，其数额等同于商品的售价，这对于购买方来说具有极大的吸引力。因此，赊销是一种重要的促销手段，对于企业销售产品、开拓并占领市场具有重要的意义。在企业产品销售不畅、市场萎缩、竞争不力的情况下，或者在企业销售新产品、开拓新市场时，为适应市场竞争的需要，适时地采取各种有效的赊销方式，就显得尤为重要。

2. 减少存货

赊销可以加速产品销售的实现，加快产成品向销售收入的转化速度，从而对降低存货中的产成品数量有着积极的影响。有利于缩短产成品的库存时间，降低产成品存货的管理费用、仓储费用和保险费用等各方面的支出。因此，当产成品存货较多时，企业可以采用较为优惠的信用条件进行赊销，尽快地实现产成品存货向销售收入的转化，变持有产成品存货为持有应收账款，以节约各项存货支出。

（二）应收账款的成本

应收账款的成本是指企业在采取赊销方式促进销售的同时，因持有应收账款而付出的一定代价。它包括机会成本、管理成本和坏账损失成本。

1. 机会成本

应收账款的机会成本是指由于企业将资金投放于应收账款而丧失的其他投资收益。而其他投资收益通常是以有价证券的投资收益率来衡量的，因此，应收账款的机会成本取决于应收账款的数额、有价证券的利率或报酬率以及结算时间三个因素，在这三个因素中，前两个因素是客观因素，而结算时间却是主观因素，所以应收账款机会成本的大小主要取决于结算时间的长短。

2. 管理成本

应收账款的管理成本是指企业对应收账款进行管理而发生的费用，它主要有调查客户信用情况的费用、收集各种信息的费用和逾期催收账款的费用。企业的应收账款越多，那么投入调查客户信用、收集信息和催收账款的人力、物力和财力也就越多，从而其管理成本也就越大。

3. 坏账损失成本

应收账款的坏账损失成本是指由于债务人破产、解散以及其他各种原因而无法收回应收账款所造成的损失。虽然坏账损失是偶然发生的，但又是不可避免的。坏账损失意味着企业蒙受了一定的经济损失，这种损失对企业来说是一种不可避免的成本，应收账款金额越大，逾期拖欠越久，坏账损失就越大。

（三）信用政策

信用政策是指企业为了对应收账款投资进行规划与控制而确立的基本原则与行为规范。它是加强应收账款管理，提高应收账款投资效益的重要前提。信用政策由信用标准、信用条件和收账政策三要素组成。

1. 信用标准

信用标准是指企业向客户提供商业信用而提出的最低要求。它规定了企业应向什么样的客户提供商业信用，也就是说当客户不能满足企业的信用标准时，就需要以现款购货。

（1）信用标准的因素。信用标准有品质、能力、资本、抵押品和经济状况五个因素。

1）品质，是指客户履约偿还债务的态度。它可以根据客户以前偿还债务的记录进行评价，这是决定是否给予客户商业信用的首要因素。

2）能力，是指客户偿还债务的能力。它可以根据客户的资产负债表分析其短期偿债能力后进行评价。

3）资本，是指客户拥有所有者权益的多少，即客户净资产的多少，据以评价客户的财务实力。

4）抵押品，是指客户为获得商业信用提供可作为资信安全保证的资产。企业在不了解客户品质的情况下，可以凭客户提供的抵押品给予其商业信用。能够作为信用担保的抵押物必须为客户实际所有，并具有较大变现能力的财产。

5）经济状况。它是指社会经济环境发生变化，可能对客户经营状况和偿债能力造成的影响。

信用标准五个因素的信息来源主要有：企业以前与客户交往积累的经验；从信用资信机构咨询及查阅客户的财务报表等。

（2）信用标准的确定。企业通常以预期坏账损失率来确定信用标准。倘若企业的信用标准定得高，只对信誉好、预期坏账损失率低的客户赊销商品，这将会减少坏账损失成本、机会成本和管理成本，但将会失去一部分信誉差的客户的销售收入，以及这部分销售收入所带来的销售利润；倘若放宽信用标准，虽然可以增加销售收入和销售利润，但同时也相应地增加了坏账损失成本、机会成本和管理成本。因此，企业应根据生产经营的具体情况来确定信用标准，以达到收益最大化的目的。

2. 信用条件

信用条件是指企业要求客户支付赊销货款的条件。它包括信用期限、现金折扣和折扣期限。

信用期限是指企业允许客户从购货到支付货款的时间间隔。企业产品销售量与信用期限之间存在着一定的依存关系。通常，延长信用期限，可以在一定程度上扩大销售量，从而增加销售利润。但不适当地延长信用期限，会给企业带来不良后果：一是使平均收账期延长，占用在应收账款上的资金相应增加，引起机会成本增加；二是引起坏账损失成本和收账费用的增加。因此，企业是否给客户延长信用期限，应视延长信用期限增加的边际收入是否大于增加的边际成本而定。

延长信用期限会增加应收账款占用的时间和金额。许多企业为了加速资金周转，及时收回货款，减少坏账损失成本，往往在延长信用期限的同时，采用一定的优惠措施，向客户提供现金折扣，并规定了折扣期限。

现金折扣是指企业在赊销产品时，为了使客户在一定期限内迅速还清账款而给予的折扣优惠。折扣期限是指为客户规定可享受现金折扣的付款期限。

信用条件在发票中通常以分式表示。例如：2/10、1/20、n/30 的信用条件表示在发票开出后 10 天内付款，可享受 2%的现金折扣；10 天后、20 天内付款，可享受 1%的现金折扣；如果不想取得现金折扣，必须在 30 天内付清款项。也即 2%、1%是现金折扣；10 天、20 天是折扣期限；30 天是信用期限。向客户提供现金折扣能降低机会成本和坏账损失率，但却会相应地增加现金折扣成本。企业给客户怎样的现金折扣和折扣期限，应在提供现金折扣后降低的机会成本和坏账损失成本与现金折扣成本之间进行分析权衡。

3. 收账政策

收账政策是指企业对客户违反信用条件拖欠应收账款所采取的收账策略与措施。企业对拖欠的应收账款无论采取哪种方式进行催收，均会发生一定的收账费用。如收款所花费的邮电通讯费、派专人收款的差旅费等。通常，收账费用越高，收回的账款就越多，平均收款期也会相应缩短，应收账款占用的资金和坏账损失成本也就越小。但这些关系并不一定是线性关系，因为收账部门最初支付的收账费用，只是提醒催促对方付款，它会相应地缩短平均收款期，减少应收账款占用的资金，但与坏账损失成本的降低关系不大；随着收账费用的逐渐增加，平均收款期会继续缩短，应收账款占用的资金会继续减少，坏账损失成本就会随之降低；当收账费用达到一定限度后，再追加收账费用，对进一步减少坏账损失成本的影响将变得相当微弱。因此，企业在制定收账政策时，就需要在增加收账费用和减少应收账款占用的资金而降低的机会成本与减少坏账损失成本之间进行权衡。

(四) 应收账款的日常管理

企业对于已经发生的应收账款，应进一步强化日常管理工作，采取有力的措施进行分析、控制，及时发现问题，提前采取对策。企业所采取的措施主要有以下四种。

1. 应收账款追踪分析

应收账款一旦为客户所欠，赊销企业就必须考虑如何按期足额将其收回的问题。要达到这一目的，赊销企业就有必要在收账之前，对该项应收账款的运行过程进行追踪分析。既然应收账款是存货变现过程的中间环节，对应收账款实施追踪分析的重点应放在赊销产品的销售与变现方面。客户以赊购方式购入产品后，迫于获利和付款信誉的动力与压力，必然期望迅速地实现销售并收回账款。如果这一期望能够顺利地实现，而客户又具有良好的信用品质，赊销企业通常是能够如期足额地收回客户欠款的。

然而，市场供求关系所具有的瞬变性，使得客户所赊购的产品不能顺利地销售与变现，经常出现的情形有两种：积压或赊销。但无论属于哪种情形，对客户而言，都意味着与应付账款相对的现金支付能力匮乏。在这种情况下，客户能否严格履行赊销企业的信用条件，取决于两个因素：其一，客户的信用品质；其二，客户现金的持有量与调剂程度。如果客户的信用品质良好，持有一定的现金余额，可调剂程度较大，客户大多是不愿以损失市场信誉为代价而拖欠赊销企业账款的。如果客户信用品质不佳，或者现金匮乏，或者现金的可调剂程度低下，那么，赊销企业的账款遭受拖欠也就在所难免。

2. 应收账款账龄分析

企业已发生的应收账款时间长短不一，有的尚未超过信用期，有的则已逾期拖欠。一般来讲，逾期拖欠时间越长，账款催收的难度越大，成为坏账的可能性也就越高。因此，进行账龄分析，密切注意应收账款的回收情况，是提高应收账款收现效率的重要环节。

3. 做好悬账、呆账的清算工作

悬账是指企业与客户因业务纠纷而引起结算过程中断，从而暂时无法收回的账款。悬账通常是因客户拒付货款而引起的。呆账是指企业长期逾期未清的账款。呆账特点是债权债务关系明确，债务人认账，但因种种原因而使账款被搁置起来。悬账和呆账拖延太久，常常会转变为坏账，因此，企业应加强悬账、呆账的清算工作，尽快予以解决，以避免可能发生的损失。

4. 建立坏账准备制度

无论企业采取怎样严格的信用政策，只要存在着商业信用行为，坏账损失是不可避免的。根据国家税务总局印发的《企业资产损失所得税税前扣除管理办法》的规定，确认坏账损失必须符合下列两个条件之一：一是因债务人破产或者死亡，以其破产财产或遗产清偿后，仍然不能收回的应收账款；二是因债务人逾期不履行偿债义务超过 3 年，确实不能收回的应收账款。

企业的坏账损失不仅增加了费用，而且减少了可以运用的流动资产。然而，坏账损失又是无法避免的，为了遵循谨慎性原则和配比原则，企业应对可能发生的坏账损失进行估计，预先提取，建立弥补坏账损失的准备金制度。

第四节 项目投资决策管理

项目投资决策的制定是影响企业发展质量的关键，财务管理工作的有效改进能为企业项目投资决策的优化处置提供良好的支持。因此，对财务管理工作在项目投资决策中的作用进行研究，并制定相应的创新改进策略，是很多企业项目投资管理人员重点关注的问题。

一、企业投资决策的内涵与内容

（一）企业投资决策的内涵

投资决策是指投资主体在调查、分析、论证的基础上，对投资活动所做出的最后决断。投资方在制定投资方案之前，需要对影响投资前景的多方面因素进行总结研究，以此实现对投资决策方案的创新设计，并保证项目的可行性及必要性。投资决策需要对不同投资方案的成本进行比较分析，结合总体成本支出情况进行投资收益的总结，使投资价值可以得到合理判断。投资决策工作与企业的经济效益具备较大的关联性，尤其与企业所面临的风险关联程度较大，因此，对投资决策的相关评价指标进行分析，可以为投资人的风险偏好提供充足保障，并使投资风险等因素可以得到识别与规避。

（二）企业投资决策的内容

企业的投资决策工作首先需要对投资目标进行分析，并对其实现水平进行考察，结合企业综合性价值开发的需要，制定企业的投资目标管控方案，使投资目标的合理性得到维护。企业的投资决策需要对投资活动可能面临的风险进行研究，尤其要对新型战略风险管理措施进行引进应用，使企业的投资方向可以得到有效的转化，并保证投资方案的选取可以具备更高的科学性。企业的投资决策工作能让专业人员的意见得到更加重视，专业人员凭借对投资回收期和投资回报率的分析，实现对投资决策价值的精准认知，为投资项目的优选创造更加有利的决策依据。企业的投资决策内容还需要将投资目标的控制作为主体工作内容，凭借投资目标的合理调节明确财务管理工作的基础性作用，使资金投资增值管理措施的影响力可以得到优化，充分提高投资决策对企业的影响力。

二、企业投资决策中可能存在的问题和风险

不断创造价值和实现价值增值是企业经营发展的重要目标，而投资是企业实现这一目标的重要途径之一。但是，在当前竞争激烈、复杂多变的市场环境中，企业的投资行为存在一定的潜在风险，需要企业管理者不断加大投资管理力度，提升管理水平，从而有效规避投资风险，获得更高的投资收益，创造更大的价值。

（一）财务人员的失误造成对投资决策的不利影响

企业的财务工作者对投资结果具备较大的影响，由于部分企业的财务人员能力有限，缺乏对企业投资决策知识的深入理解，简单地将工作重点放在数据资源的记录方面，缺乏对数据资源采集和价值分析的有效研究，最终导致企业的财务人员无法充分参与到投资决策工作之中，难以为投资决策失误所带来的不良影响的控制提供帮助。

（二）企业缺乏对投资项目的市场调研

部分企业在制定投资决策之前，缺乏对市场调查业务体系完整性的研究，没能根据项目的投资价值实现对市场情况的精准分析，难以为项目评估策略的改进提供帮助。一些企业的投资风险分析系统组建不够成熟，没能实现对项目失败的可能性进行预测，不利于投资风险的完整控制。

（三）企业没有严格把控投资项目的风险

部分企业缺乏对现有经营风险控制制度的关注，简单地按照强化行政管理的方式处理投资风险控制工作，导致企业的发展无法全面地获得项目管理人员的关注，不利于风险因素的有效控制①。在制度设计方面，对一些投资项目风险的控制缺乏科学性，未能对投资项目风险影响因素进行充分总结，不利于企业发展战略的全面

---

① 张真．加强企业财务管理和提高企业经济效益分析［J］．全国流通经济，2022，2340（36）．

创新。部分企业的财务人员对于内部控制工作的风险防范意识认识不足，无法为投资项目风险的应对提供有效措施。

（四）企业投资筹措资金不到位

部分企业在处理项目投资决策设计工作的过程中，对于资金的应用情况缺乏足够的关注，没能在资金筹集成功率管控方面取得理想的进展，导致财务相关的工作依然简单地局限在固定资金的筹集管理方面，没能实现对项目实施过程中相关问题进行有效控制，导致资金的流动状态难以得到有效的把控，无法为项目延误等问题的精准控制提供充足保障。

（五）财务部门没有为项目投资发挥战略管理职能

有些企业的财务人员虽然对项目投资具备一定的了解，但尚未从战略管理的角度实现对项目投资工作影响力的有效识别，无法从发展战略的高度为项目投资工作的改进提供具体支持。一些企业缺乏对项目投资管理领域人才竞争情况的关注，尤其对于资金资源的实际转移情况认知不够充分，导致财务活动无法在高素质人才的带动之下实现优化创新。部分企业的财务人员对于企业经营效益影响因素的总结不够全面，没能对项目投资工作运行过程中稀缺资源进行有效控制，导致企业无法在市场环境中得到发展创新，也使得不同环节的生产危机无法得到有效控制。一些企业的财务工作者对于内控管理工作的价值认知存在不足，缺乏对销售端管理工作价值的精准分析，无法在管理模式创新调整方面发挥理想的作用，也使得内控管理工作的动力难以得到充分完整的开发。

三、企业进行科学投资决策的建议

（一）企业要不断提高财务人员的专业素养

企业需要强化对项目投资决策相关理论的研究，结合财务工作的运行特点，制定投资活动的考察方案，使财务人员及决策人员的作用得到明确，并在财务人员专业素养培育方面取得积极进展。一定要加强对财务人员知识储备情况的关注，并将专业素养的培育作为重点关注的内容，使各项管理决策的专业性得到优化，为项目投资决策提供更加有利的基础条件，并使企业可以借此具备更强的可持续发展能力。

（二）健全数据管理系统

大数据对企业的各个领域都产生了巨大的影响，在投资决策中，借助大数据的分析能力和预测功能，对于投资的目标、规模、成本、收益等问题的综合考量，将大大解决投资决策中的难题。将大数据应用于企业决策中，首先就是数据平台的建立。由于数据平台建立单靠一个企业很难完全，不同企业之间可以尝试交流合作，建立一个实现信息共享的服务平台，确保不同企业能够从平台获取投资决策所需的信息。其次，企业务必确保数据的安全性。一方面，企业需根据自身情况配备相应的服务器，完善数据保护系统。另一方面，企业需设置相应的职责和权限，防止数据丢失或篡改。

（三）综合分析项目资金预算

企业需要对项目资金预算的重要影响力做到深入理解，从资金筹集的角度出发，制定投资项目的具体实施方案，使项目周期和资本收益等基础性因素的作用能够得到明确，并保证资本收益控制工作可以得到更高水平的保障。一定要对项目投资净现值的作用进行足够的了解，尤其要对报酬率的影响因素加以分析，使影响资金预算管理质量的关键性指标可以得到全面的识别，为财务管理工作在投资决策领域作用的发挥提供帮助。项目资金预算的分析还需要对净现值的特点进行考察，尤其要对项目的可行性进行科学化分析，以此保证投资项目实施过程中的不确定性因素可以得到相对有效的价值判断，并保证资本预算相关的损失可以借此得到规避。

（四）通过调研，分析企业投资项目

企业的项目投资决策人员需要对市场大环境的特点进行深入的了解，在投资项目分析的过程中，充分结合市场的具体状况制定投资方案，使调研性质活动的重要价值可以借此得到明确，并且凭借市场动向的有效把控实现对先进管理人才的有效培育，以此保证企业的投资项目可以具备更大的应用价值。投资项目的分析工作需要对外部收购工作进行充分调研，应对市盈率和市净率等数据的分析进行投资项目实体价值的掌控，使收购项目的实际成本支出状况可以得到明确。一定要对公司的估价构成情况进行精准分析，尤其要对企业管理性质业务所需的培训予以明确，以此实现对内控意识及风险管理理念的精准处置，为财务工作及制度的创新提供充足保障。

（五）提升企业财务人员的综合管理能力

在制定财务人员培训方案的过程中，需要对影响项目投资质量的多方面因素进行总结，尤其要对财务知识和法律知识的组成情况进行总结考察，使人才的培育可以在基础知识掌握方面取得理想的进展。一定要对企业的人才选拔应用特征予以研究，尤其要对财务监督团队的构成情况进行分析，以此实现对人员信息查询价值的掌控，为会计人员得到更加专业化的管理提供帮助。企业需要对综合竞争力的构建需求予以明确，并对全能型人才的培养方案进行细化处置，从改进内部控制工作的角度出发，制定财务人员的综合管理方案，切实保证财务人员的综合能力可以得到

有效提升。企业还需要在人才培养的过程中，对部门联动机制进行创新性构建，尤其要对影响财务管理工作效率的因素进行完整的创新，使财务管理工作可以在项目投资决策过程中发挥有效的监督作用及影响，并在实践经验累积的基础上提升财务人员的专业能力。企业还需要结合环境的变化，对财务人员的综合管理能力进行分析，使培训工作可以在明确基本需求的情况下，不断地得到自我完善。

财务管理工作是决定投资决策质量的关键因素，在新时期企业的创新发展诉求较为迫切的情况下，从财务管理的角度出发，制定企业项目投资决策控制的具体策略，可以使财务管理工作的价值得到更加充分的显现，为项目投资决策提供有效依据。投资活动是企业经营工作的重要组成部分，我国的市场经济体制还不完善，公司治理体系和政策资源都可能成为影响项目投资质量的因素，因此，有效地维护企业投资项目的成功性，是保证企业在市场环境中立于不败之地的关键。

第五节　营运资本管理

《中华人民共和国国民经济和社会发展第十四个五年规划和 2035 年远景目标纲要》指出，要整合优化科技资源配置，提升企业技术创新能力，激发人才创新活动。众所周知，资金是企业运行的血液，是企业经营中不可或缺的经济资源，而企业的资金需求是相对无限的，企业要高效管理这部分资金，就要做好营运资本管理。

一、营运资本的概念

企业的营运资本有广义和狭义之分，广义的营运资本又称毛营运资本，是指一个企业流动资产的总额；狭义的营运资本又称净营运资本，是指流动资产减去流动负债后的余额。本章节讨论的营运资本管理既包括流动资产管理，又包括流动负债管理。

二、营运资本的管理原则

营运资本管理是指在营运资本政策指导下，对流动资产和流动负债实施的管理活动。企业营运资本在全部资金中占有相当的比重，它具有资金周期短、形式多样，变化频繁等特点，而且营运资本还涉及企业资金占用成本和偿债风险，因此有效管理这部分资金要遵循一定的原则。

（一）正确预测营运资本的需要量

一般来说企业营运资本的需要量与企业生产经营的规模成正比，与资金的周转速度成反比，与企业的业务性质有关。一般来说，企业规模越大，需要的周转资金也比较多；企业周转速度越快，营运资本收回越快，这样营运资本的数额也要求相对减少；若企业的业务性质要求保留大额的流动资金，则企业的营运资本需求量也会增加。因此企业财务人员应经常分析企业生产经营情况和资金周转情况，结合企业自身业务性质合理预测企业营运资本的需要量，以避免发生不必要的资金闲置或资金短缺，同时也为企业及时筹措和供应营运资本提供前提。

（二）在保证生产经营需要的前提下，力求节约，合理使用资金

营运资本主要来源于企业筹措的短期负债资金。使用短期负债资金不仅有成本，而且还有较大的偿债风险，企业应在保证生产经营需要的前提下，力求节约，合理使用资金，以降低成本和风险。当流动资产大于流动负债时，部分营运资本（狭义营运资本）还来源于企业筹措的长期负债资本或权益资本，虽然这些资金来源的风险相对较小，但其成本却相对较高。所以，国外有少数企业尝试零营运资本管理，这可以大幅度降低资金占用成本，但对企业管理水平和整个经济的协调水平提出了很高的要求，同时风险性也较大，在我国目前是难以实现的。

（三）加速营运资本周转，提高资金使用效益

企业资金周转速度的快慢，很大程度上取决于营运资本的周转速度。营运资本的周转是指由现金转化为存货、再由存货转化为现金的这种不断循环往复的过程。显然，当企业营运资本的周转陷于停顿时，企业其他资金的周转也必然终止。因此，在其他条件不变情况下，企业营运资本周转速度越快，企业整个资金的使用效益越好。在完成相同的业务量条件下，企业营运资本周转速度越快，企业营运资本占用也越少。

（四）合理保持一定数量的营运资本，确保企业的短期偿债能力

就狭义营运资本来说，我国企业还不具备条件可以实现零营运资本的管理模式。保持一定数量的营运资本是企业短期偿债能力高低的重要标志，也是衡量企业风险大小的标志。企业营运资本越多，企业的违约风险越小，举债能力也越强；但是另一方面，营运资本越多，资金成本也越多，这是互相矛盾的，企业应在营运资本管理中，通过合理保持一定数量的营运资本，合理安排流动资产和流动负债的比例关系，既可以节约使用资金，又能保证企业有较强的短期偿债能力。

三、营运资本管理的内容

（一）流动资产的管理内容

1. 流动资产的组成

一般企业的流动资产占到总资产的25％～80％，企业中很大一部分资金是被流动资产所占用，企业对这部分资金管理的有效与否对企业的经营业绩有很大的影响。

流动资产是指在一年内或者大于一年的一个营业周期内变现或者运用的资产。主要包括以下四个方面。

（1）现金。它是企业内流动性最强的资产。它可以在购买物品时直接实现支付功能，用来支付费用、偿还债务等。它包括库存现金、银行存款和其他货币资金等，有时也将即期或到期的票据看作现金。企业极少数以货币形式持有现金，极大部分以银行存款形式存在。拥有大量现金的公司固然具有较强的偿债能力和承担风险能力，但持有的现金没有投入到企业真实的再生产领域，所以它不能给企业带来报酬或者仅是很低的利息报酬，在高通货膨胀的情况下，它的实际收益率可能为负报酬率。

（2）短期投资，主要指一些有价证券，它们能够在不超过一年时间内或者随时可以变现。它既能给企业带来较好的投资收益，又能增强企业资产的流动性，降低企业的财务风险，因此适当持有有价债券是一种较好的财务策略。企业一般将资金投资于安全性和流动性强的证券，因此有价证券也视为现金等价物。企业投资有价证券而不是直接持有现金有以下方面的原因：

①获取短期投资报酬。由于直接持有现金没有收益，购买有价证券能够获得部分收益。

②当企业没有有价值的项目投资时，大批资金直接以货币形式持有，会闲置造成浪费，因此以有价证券形式持有。

③企业持有有价证券是为了保持生产的流动性，抵御未知的意外风险。

（3）应收款项，主要指企业在生产经营过程中形成的应收而未收到的款项以及预先支付的款项，包括应收票据、应收账款、预付账款、其他应收款等。应收款项是市场经济下竞争和信用制度的必要产物，是不可避免的，是扩大销售的有效策略。

（4）存货，是指企业在生产经营过程中为了满足耗用或销售而存储的各种资产。存货主要由原材料、半成品和在库产品等组成。公司在存货上的投资占流动资产的比率最大，因此造成投资的机会成本也最大。存货的机会成本指存货占用的资金不能再投资于其他项目而引起的最大损失。此外存货还有储存费用、保险费、损耗和过期变质等风险。合理安排存货的持有量和订购次数，加强存货管理和控制，能有效地节约营运资本。

2. 流动资产的特点

相对固定资产而言，流动资产投入生产经营过程后不再保持其本身原来的实体形态，其价值是一次全部转移到生产经营上，并一次全部得到补偿，它具有如下特点。

(1) 过程的流动性。这是流动资产的基本特点，流动资金作为流动资产的货币形式，一经投入，在生产经营过程中保持持续不断的流动状态，例如：货币购买了原材料、辅助材料、包装物等经过不同阶段加工，这部分流动资产将随生产经营的活动而运动，最后实现销售使货币的形式得到补偿，并产生新价值。如果某部分流动资产在生产经营中失去流动性，则这部分资产就得不到补偿，更谈不上新价值的产生，而且也会影响其他流动资产的流动。流动资产的流动性越好，则其补偿越快，产生的新价值越多，这部分资产的效益就越好。作为公司的财务管理部门应用各种方法加速公司流动资产的流动，使投入同样的资金，收到更好的经济效益。

(2) 形态的变动性。公司的流动资金在生产经营活动中，一般同时占用在不同形态的资产上，从特定的一部分资金来看，又不断地按照货币、材料、在产品、产成品、应收账款、货币之间顺序转化，也就是不同形态的流动资金在空间的并存，又在时间上的继起，这就是流动资金占有形态的变动性。公司的财务管理部门应把公司的生产合理地分配在流动资金的各种形态上，以促使流动资金的顺利周转，提高资金的流动性。

(3) 数量的波动性。公司流动资金的占用量不是稳定不变的，随着供产销的不断变化及经营的季节特点，资金占用数量时高时低，不断波动。

流动资金占用量不会降低至零，事实上存在着“永久性流动资金”，因此公司在筹集流动资金时，应根据流动资金的这个特点，既要保证有一部分稳定的长期资金来源，又要合理安排一些短期资金来源。

根据以上特点，可以看到流动资产其变现能力强，循环周转期限短，其运动周期与公司的生产经营周期具有一致性，一般不超过一年，因此，合理组织公司供、产、销过程，合理配置各种资产占用形态，合理确定流动资金来源，以便合理安排资金的供需平衡，对提高生产的经济效益是很重要的。

（二）流动负债的管理内容

1. 流动负债的组成

流动负债是指企业一年内或一个营业周期内需要偿还的债务，其具有成本低、偿还期限短的特点。流动负债包括应付账款、应付工资、应交税金、应付股利、短期借款等。由于法定结算程序的原因，使一部分应付款项的支付时间晚于形成时间，这部分款项称为自然性流动负债，如应付账款、应付工资等；由财务人员根据企业对短期资金的需求情况，通过人为安排所形成的负债称为人为性流动负债，如短期借款。

应付账款是由于购买材料等引起的必须向供货单位偿付的款项，是流动负债管理的重点。企业可以对供货商推迟支付货款来占用对方的资金，但是不应该超过供应商提供的信用期，毁损企业信誉。

应付工资、应交税金、应付股利是一种自发性负债，是伴随着业务的发生自然产生的负债，不是有意识地利用信用去筹资。例如：应付工资是企业欠职工的钱，公司不可能每天都发，在某种程度上是企业的一种短期负债，因为企业占用这笔资金，而且该笔资金随时间线性增长直至支付日，并不需要支付任何利息。企业占用一个月，每月支付一次，企业也可占用半月，半月支付一次。其实企业就是无形中占用了别人的资金。

2. 流动负债的特点

（1）成本低。与银行长期贷款和短期融资的其他来源相比，流动负债的利率水平较低，甚至没有。

（2）没有补偿性存款的要求。流动负债不涉及最低存款余额的要求。

（3）融资规模较大。商业票据可为公司提供全部短期投资所需的资金。而大规模的短期资金往往很难从一家银行获得，或者说从某一商业银行获得全部短期资金，可能需要与许多机构打交道，因为商业银行的贷款行为会受有关法规的严格限制。

（4）提高公司声望。由于人们普遍认为只有信用等级很高的公司才能发行商业票据，因此，发行商业票据的公司可以此表明公司的信用地位。

四、营运资本的筹集政策

企业要运转就需要资金，营运资本是其中的流量部分。企业资金的来源就是所说的筹资或融资，不同筹资政策虽然资金数额一样，但是企业所承受的成本和风险是不同的。因此企业在筹集资金时应该注意在不同的时间下，根据不同的需求种类合理安排筹集政策。

营运资本筹集政策主要指如何安排临时性流动性资产、永久性流动资产的资金来源。临时性流动性资产指为了保证合理的日常开支和经营所需而持有的资金部分。永久性流动资产指在流动资产中有一部分最低储备产品，如原材料储备，它们是经常占用流动资金的，形成了相对稳定的长期占用资产，它与固定资产不同的是永久性流动资产是变化量，它的永久体现在旧的输出和新的输入，在量上形成一个相对稳定的定额；而固定资产则是不变的，不存在流动性，始终是那些资产。

营运资本的筹集政策根据临时性流动资产和永久性流动资产的筹资方式主要分为三大类：正常的筹资组合、冒险的筹资组合和保守的筹资组合。

（一）正常型筹资组合

1976 年 Morris 提出了“期限匹配理论”，也称“免疫假设”，认为企业的资产使用期限与其筹措资金的期限保持一致。正常型筹资政策正是要求企业短期融资几乎要严密地与企业临时性资金流动安排一致，在资金要求高峰期安排短期资金融资，在低谷时没有融资。具体地说，短期及季节性流动资产通过短期负债进行资金融通；而永久性流动资产由于在企业内保持稳定且长期持有，因此通过长期负债进行融资。

这种融资政策思想是将资产与负债期间相配合，以降低企业不能到期偿还债务的风险和尽可能降低债务和资本成本。它是一种理想型的政策，现实运用中很少有企业能严格满足其要求。

（二）冒险型筹资组合

采用冒险型筹资组合的企业不仅是临时性流动资产，而且连永久性流动资产也由短期资产融资完成。这种政策是将公司利润和承担的风险相互交换。一方面短期融资的资本成本常低于长期融资成本，较多地利用短期融资会增加公司利润；另一方面，短期融资成本的波动性较大，当短期资本出现大幅上扬时，或者短期融资在不能展期的情况下，正常的现金流入额难以满足高额的现金流出时，即使现在满足了现金的流出需求，但是破坏了公司以后期间的经营，公司面临的财务风险是很明显的。

由于短期融资比长期融资成本要低得多，因此这种融资方式能减少利息支出，降低资本成本，但是风险大，经常出现举债偿债的或者申请债务延期的情况。喜欢冒险的财务人员比较欣赏这种筹资组合。

（三）保守型筹资组合

保守型筹资组合与冒险型筹资组合正好相反，它要求临时性流动资产中，只有一部分由短期资金来融资，剩余部分临时性流动资产和永久性流动资产一样由长期资金来融资筹集。这种筹资策略融资成本高，但是风险小，是风险规避型财务人员的首选。

这一融资策略使短期负债的比例相对较低，由此可降低企业无法按期偿还到期债务的风险，同时也降低了利率变动的风险。相反，长期负债的资本成本高于短期负债融资，在季节性低谷时，公司也因继续持有长期负债而需支付债务利息。

第六节　利润分配管理

利润分配是企业将一定时期内所创造的经营成果合理地在企业内部和外部各利益相关者之间进行有效分配的过程。利润分配可以满足国家政治职能与组织经济职能的需要，是处理所有者、经营者等方面物质利益关系的基本手段。对于企业来说，利润分配不仅是资产保值、保证简单再生产的手段，同时也是资产增值、实现扩大再生产的工具。

一、利润分配管理的意义

利润分配管理是指对企业利润分配有关的主要活动及其形成的财务关系进行的组织与调节，它是现代企业财务管理的一项重要内容，对于维护企业与各相关利益主体的财务关系、提高企业价值、优化资本结构等具有重要意义。具体而言，企业的利益分配管理的意义表现在以下几个方面。

（一）利润分配集中体现了企业所有者、经营者与职工之间的利益关系

企业所有者是企业权益资金的提供者，按照谁出资、谁受益的原则，其应得的投资收益通过企业的利润分配来实现，而获得投资收益的多少取决于企业盈利状况及利润分配政策。通过利润分配，投资者能实现预期的收益，提高企业的信誉程度，有利于增强企业未来融通资金的能力。

企业的债权人在向企业投入资金的同时也承担了一定的风险，企业的利润分配应体现出对债权人利益的充分保护。除了按时支付到期本金、利息外，企业在进行利润分配时也要考虑债权人未偿付本金的保障程度，否则将会在一定程度上削弱企业的偿债能力，从而降低企业的财务弹性。

职工是价值的创造者，是企业收入和利润的源泉。通过薪金的支付以及各种福利的提供，可以提高职工的工作热情，为企业创造更多的财富。因此，为了正确、合理地处理好企业各方面利益相关者的需求，就必须对企业所实现的收益进行合理的分配。

（二）利润分配是企业再生产的条件以及优化资本结构的重要措施

企业在生产经营过程中所投入的各类资金，随着生产经营活动的进行不断地发

生转移与损耗，形成成本或费用，最终构成商品价值的一部分。销售收入的取得，为企业成本费用的补偿提供了前提，为企业简单再生产的正常进行创造了条件。通过利润分配，企业能形成一部分自行安排的资金，用以增强企业生产经营的财力，有利于企业适应市场需要扩大再生产①。另外，通过利润分配形成的留存收益是企业重要的权益资金来源，利润分配比例的高低，会影响企业权益与负债的比例，即影响企业的资本结构。企业价值最大化的目标要求企业的资本结构最优，因而利润分配便成了优化资本结构、降低资本成本的重要措施之一。

（三）利润分配是国家建设资金的重要来源之一

利润是企业新创的财富，是企业收入的重要组成部分。除了满足企业自身的生产经营性积累外，通过利润分配，国家财政也能够集中一部分企业利润，由国家有计划地分配使用，从而为实现国家政治职能和经济职能、为社会经济的发展创造良好的条件。

二、利润分配基本原则

企业的利润分配是一项利用财务手段确保生产经营成果的合理归属和正确分配的财务活动，关系着国家、企业、职工及所有者各方面的利益，是一项政策性较强的工作，必须严格按照国家的法规和制度执行。因此，利润分配应当遵循以下原则。

（一）依法分配原则

企业的利润分配必须依法进行。为规范企业的利润分配行为，维护企业与各相关利益者的合法权益，国家制定和颁布了若干法规，这些法规规定了企业利润分配的基本要求、一般程序和重要比例。企业的利润分配必须依法进行，这是正确处理企业各项财务关系的关键。

（二）分配与积累并重原则

企业的利润分配必须坚持分配与积累并重的原则。为了正确处理长期利益和近期利益之间的关系，企业在生产经营过程中形成的利润，既要保证企业的简单再生产的持续进行，又要不断地积累扩大再生产的财力基础，因此企业除按规定提取法定盈余公积金以外，可适当留存一部分利润作为积累，这部分未分配利润仍归企业所有者所有。这部分积累的净利润不仅可以为企业扩大生产筹措资金，增强企业发展能力和抵抗风险的能力，同时还可以供未来年度进行分配，起到以丰补歉、平抑利润分配数额波动、稳定投资报酬率的作用。

---

① 曹国勇．企业财务管理中税收筹划的运用探思［J］．商场现代化，2022，981（24）：171－173.

（三）兼顾各方利益原则

企业的利润分配必须兼顾各方面的利益。企业是社会的基本单元，企业的利润关系着国家、企业、债权人、职工及所有者各方面的利益，正确处理他们之间的关系，对企业的生存发展至关重要。企业在进行利润分配时，应当统筹兼顾，维护各利益相关者的合法权益。

（四）投资与收益对等原则

企业利润分配应当体现“谁投资谁受益”、受益大小与投资比例相适应，即投资与收益对等原则，这是正确处理企业与投资者利益关系的关键。投资者因投资行为，以出资额依法享有利润分配权，就要求企业在向投资者分配利润时，要做到公开、公平、公正，一视同仁地对待每位投资者，本着平等一致的原则按照投资者出资额的比例进行分配，不允许任何一方随意多分多占，这样才能从根本上保护投资者的利益。

三、企业利润分配的影响因素

企业的利润分配涉及企业利益相关各方的切身利益，总是要受到一些不确定因素的影响，企业在确定利润分配政策时，应对各方面因素进行综合考虑，并结合自身的实际情况进行权衡。一般认为，企业利润分配政策的影响因素主要有法律因素、公司因素、股东因素及其他因素等。

（一）法律因素

为了保护债权人、投资者和国家的利益，有关法律法规对企业的利润分配作出了有关规定。

1. 资本保全约束

资本保全约束要求公司不能用资本（包括实收资本或股本和资本公积）发放股利，也就是说企业发放的股利或投资分红只能来源于企业当期利润或留存收益，不能超过当期与过去的留存收益之和，其目的在于维持企业资本的完整性，保护债务人的权益，防止企业任意减少资本结构中权益资金的比例。如果没有这项约束，一个处于财务危机的企业有可能将其资产分给股东，从而侵蚀资本，损害债权人的利益。

2. 资本积累约束

资本积累约束要求公司必须按税后利润的一定比例和基数提取各种公积金，股利只能从企业的可供分配利润中支付。可供分配利润包含公司当期的净利润，以及按照规定提取各种公积金后的余额和以前累积的未分配利润。在我国，企业在分配利润时，必须按税后利润的10%提取法定盈余公积金，同时鼓励企业提取任意盈余公积金，只有当企业提取公积金累计数额达到注册资本50%时才可以不再计提。

另外，要求企业在具体的利润分配政策上，贯彻“无利不分”的原则，即企业当年出现亏损时，一般不得进行利润分配。

3. 偿债能力约束

偿债能力约束要求公司考虑现金股利分配对偿债能力的影响，确定在股利分配后仍能保持较强的偿债能力，以维持公司的信誉和借贷能力，从而保证公司的正常资金周转。如果企业已经无力偿付到期债务或因支付股利使其失去偿还能力，则企业不能支付现金股利或投资分红。

4. 超额累积利润约束

超额累积利润是指企业的留存收益超过法律认可的水平。投资者所获得的收益包括股利和资本利得，由于资本利得与股利收入的税率不一致，投资者接受股利缴纳的所得税一般要高于进行股票交易的资本利得所缴纳的税金，因此许多企业通过少发股利，累计利润使股价上涨来帮助股东避税。西方许多国家都注意到了这一点，并在法律上明确规定企业不得超额累积利润，一旦企业为了避税而使得盈余的保留大大超过了公司目前及未来的投资需要时，将被加征额外的税款。

（二）公司因素

企业资金的灵活周转是企业生产经营得以正常进行的必要条件。基于公司长期发展和短期经营的考虑，在确定利润分配政策时，需要关注以下相关因素。

1. 资产的流动性

企业现金股利的分配应以一定资产流动性为前提，而保持有一定数量的现金和其他适当的流动资产是维持企业正常运转的必备条件。企业现金股利的支付会减少其现金持有量，降低资产的流动性。企业的资产流动性越好，说明其变现能力越强，股利支付能力也就越强。高速成长的盈利性企业，其资产可能缺乏流动性，这类企业当期利润虽然多，但资产变现能力差，企业的股利支付能力就会削弱，也就是说，如果企业的资产流动性差，即使收益可观也不宜分配过多的现金股利。

2. 投资机会

企业的利润分配政策往往会受到未来投资机会的影响。有着良好投资机会的企业需要有强大的资金支持，因而其很可能会考虑采用低股利支付水平的分配政策，往往通过少发现金股利，将大部分盈余留存下来进行再投资；相反，缺乏良好投资机会的企业，对资金的需求量小，保留大量盈余的结果必然造成大量资金闲置，那么其很可能倾向于采用较高的股利支付水平的分配政策。所以，处于成长中的企业，因一般具有较多的良好投资机会而多采取低股利政策，许多处于经营收缩期的企业则因缺少良好的投资机会而多采取高股利政策。此外，如果公司将留存收益用于再投资所得报酬，低于股东个人单独将股利收入投资于其他投资机会所得的报酬时，公司就不应多留收益，而应多发放股利，这样有利于股东价值的最大化。

3. **筹资因素**

不同的企业在资本市场上举借债务的能力是不同的。如果企业规模大、经营好、利润丰厚，其筹资能力很强，随时能筹集到所需资金，那么在决定股利支付数额时，其便具有较大的选择余地，有可能采取较为宽松的利润分配政策，即多付股利少留存。而那些规模小、新创办、风险大的企业，其筹资能力有限，这类企业在确定股利分配政策时往往采取较紧的利润分配政策，会考虑尽量减少现金股利支付，而将利润更多地留存在企业，作为企业的内部筹资。

4. **盈利的稳定性**

企业的利润分配政策在很大程度上会受到其盈利能力的限制。企业的现金股利来源于税后利润，企业的盈余是否稳定将直接影响其利润分配。盈利相对稳定的企业，有可能支付较高股利，而盈利不稳定的企业，一般采用低股利政策。这是因为对于盈利不稳定的企业，低股利政策可以减少因盈利下降而造成的股利无法支付、企业形象受损、股价急剧下降的风险，还可以将更多的盈利用于再投资，以提高企业的权益资本比重，减少财务风险。

5. **资本成本**

留存收益是企业内部筹资的一种重要方式，与发行新股或举借债务相比，不需花费筹资费用，不但筹资成本较低，而且具有很强的隐蔽性，同时增加了公司权益资本的比重，降低了财务风险，便于低成本取得债务资本。相反，企业如果一方面大量发放股利，而另一方面又以支付高额资本成本为代价筹集其他资本，那么，这种舍近求远的做法可能会有损股东利益。因而从资本成本考虑，企业扩大规模，需要增加权益资本时，通常会考虑采取低股利政策。

6. **现金流量**

由于会计规范的要求和核算方法的选择，公司盈余与现金流量并非完全同步，净收益的增加不一定意味着可供分配的现金流量的增加。公司在进行利润分配时，要保证正常的经营活动对现金的需求，以维持资金的正常周转，使生产经营得以有序进行。

7. **其他因素**

由于股利的信号传递作用，公司不宜经常改变其利润分配政策，而应该保持一定的连续性和稳定性。此外，利润分配政策还会受其他公司的影响，如不同发展阶段、不同行业的公司股利支付比例会有差异，这就要求公司在进行股利政策选择时要考虑其发展阶段以及所处行业状况。

（三）股东因素

公司的股利政策不可能使每个股东财富最大化，但公司制定股利分配政策的目的在于对绝大多数股东的财富产生有利影响。股东出于自身利益考虑，在避税、规避风险、稳定收入和控制权等方面的意愿，也会对公司的股利分配政策产生影响。

1. **避税考虑**

企业的股利政策不得不受到股东的所得税负影响。在我国，由于现金股利收入的税率要高于资本利得税率，即使对这两种收入课以相同的税率，由于对股利收入的课税发生在股利分发时，而对资本利得的课税则可以递延到实际出售股票时，考虑到资金的时间价值，其资本利得的实际税负也小于股利收入的税负。因此，一些高股利收入的股东出于避税考虑而往往倾向于低股利支付政策，这样可以给股东带来更多的资本利得收入，达到避税的目的。

2. **规避风险**

“双鸟在林，不如一鸟在手”。在一部分投资者看来，通过增加留存收益引起股价上涨而获得的资本利得是有风险的，而目前所得股利是确定的，股利的风险小于资本利得的风险，即便是现在较少的股利也强于未来较多的资本利得，当期股利的支付解除了投资者心中的不确定性。因此，他们往往会要求企业支付较多的股利，从而减少股东投资风险。

3. **稳定收入**

企业股东的收入对企业的股利分配政策有着一定的影响。如果一个企业拥有很大比例的富有股东，这些股东多半不会依赖企业发放的现金股利维持生活，他们对定期支付现金股利的要求不会显得十分迫切。相反，如果一个企业的绝大部分股东，属于低收入阶层以及养老基金等机构投资者，他们需要企业发放的现金股利来维持生活或用于发放养老金等，那么，这部分股东会特别关注现金股利，尤其是稳定的现金股利发放，而反对过多的留存。

4. 控制权

现有股东往往将股利政策作为维持其控制地位的工具。如果企业支付较高的现金股利会导致留存收益的减少，当新的投资机会来临，公司又会发行新股以筹集所需资金，新股东的加入必然导致现有股东的控制权被稀释。另外，随着新普通股的发行，流通在外的普通股股数增加，最终将导致普通股的每股盈利和每股市价的下降，对现有股东产生不利影响。

（四）其他因素

影响股利政策的其他因素主要包括：债务契约、政府对机构投资者的投资限制以及因通货膨胀带来的影响等。

1. 债务契约

企业的债务契约，特别是长期债务契约，往往会有限制企业现金股利支付的条款，这使得企业只能采用低股利政策。因为股利支付水平越高，企业的留存收益就会越少，企业的破产风险就会加大，就越有可能损害到债权人利益。因此，为了保证自己的利益不受侵害，债权人通常会在债务契约、租赁合同中加入关于借款企业股利政策的限制条款。

2. 政府对机构投资者的投资限制

机构投资者包括养老基金、储蓄银行、信托基金、保险企业和其他一些机构。机构投资者对投资股票种类的选择，往往与股利特别是稳定股利的支付有关。如果某种股票连续几年不支付股利或所支付的股利金额起伏较大，则该股票一般不能成为机构投资者的投资对象。因此，如果某一企业想更多地吸引机构投资者，则应采用较高而且稳定的股利政策。

3. 通货膨胀的影响

通货膨胀会带来货币购买力水平下降，这会导致企业固定资产重置资金不足，此时企业往往会考虑留存一定的利润，以便弥补由于购买力下降而造成的固定资产重置资金缺口。因此，在通货膨胀时期，企业往往会选择偏紧的利润分配政策。

第六章 财务控制

第一节 财务控制的意义与种类

一、财务控制的意义

（一）财务控制的含义

财务控制是指按照一定的程序和方法，影响与调节企业的财务活动，确保企业及其内部机构和人员全面落实及实现财务预算的过程。在企业的经济控制系统中，财务控制系统是最具有连续性、系统性和综合性的子系统。

财务管理包括财务预测、财务决策、财务预算、财务控制等各个环节。其中财务预测、财务决策、财务预算为财务控制指明了方向，提供了依据。而财务控制则是保证实现财务管理目标的关键，如果没有了财务控制，其他财务管理环节都将失去意义。

（二）财务控制的特征

财务控制是财务管理的重要环节，具有如下特征。

（1）以价值形式为控制手段。这是财务控制区别于其他控制的本质特征。财务控制以财务管理目标和财务预算为主要依据，以实现财务预算为目标，通过价值的形式表达①。财务预算所包括的现金预算、预计利润表和预计资产负债表，都是以价值形式予以反映的。这就决定了财务控制必须利用财务信息，依据价值标准，借助价值手段，针对价值对象进行管理控制。

（2）以综合经济业务为控制对象。财务控制作为实现财务目标、财务预算的手段，所关注的是企业财务成果的扩大和财务目标的实现，以及各责任中心的经营活动及相互关系的调控。财务控制以价值为手段，可以将不同岗位、不同部门、不同层次的业务活动综合起来进行控制。

---

① 邓志华．企业内部审计与财务管理协同助力高质量发展［J］．商场现代化，2022，981（24）：177－179.

（3）以控制日常现金流量为主要内容。由于日常的财务活动过程表现为组织现金流动的过程，因此，控制现金流量成为日常财务控制的主要内容。在财务控制过程中主要以现金预算为依据，通过编制现金流量表来考核评价现金流量运行状况。

二、财务控制的种类

财务控制可以按以下不同的标志进行分类。

（一）按照财务控制的主体分类

财务控制按照实施控制的主体可分为出资者财务控制、经营者财务控制、财务部门的财务控制和责任中心的财务控制。

（1）出资者财务控制是资本所有者对经营者财务收支活动进行的控制。目的是实现资本保全和资本增值，而对企业的重大财务决策和重要财务活动进行的控制。

（2）经营者财务控制是为了实现财务预算目标而对企业及各责任中心的财务收支活动所进行的控制。这种控制是通过经营者制定财务决策目标，并促使这些目标被贯彻执行而实现的，如企业的筹资、投资、资产运用、成本支出决策及其执行等。

（3）财务部门的财务控制是财务部门为了有效地组织现金流动，通过编制现金预算，执行现金预算，对企业日常财务活动所进行的控制，其目的是保证企业现金的供给，如对各项货币资金用途的审查等。

（4）责任中心的财务控制是指企业内部各责任中心以责任预算为依据，对本中心的活动所实施的控制，如责任成本控制、责任利润控制等。

通常认为出资者财务控制是一种外部控制，而经营者、财务部门和责任中心的财务控制是一种内部控制。

（二）按照财务控制的内容分类

按照财务控制的内容可将财务控制分为一般控制和应用控制两类。

（1）一般控制也称基础控制或环境控制，是指对企业财务活动赖以进行的内部环境所实施的总体控制。它包括组织控制、人员控制、财务预算、业绩评价、财务记录等内容。这类控制的特征，是并不直接地作用于企业的财务活动，而是通过应用控制对企业活动产生影响。

（2）应用控制也称业务控制，是指直接作用于企业财务活动的具体控制。如业务处理程序中的批准与授权、审核和复核，以及为保证资产安全而采用的限制接近等控制。这类控制的特征，在于它们构成了业务处理程序的一部分，并都具有防止和纠正一种或几种错弊的作用。

（三）按照财务控制的时间分类

财务控制按控制的时间可分为事先财务控制、事中财务控制和事后财务控制三类。

（1）事先财务控制也称防护性控制，指财务收支活动尚未发生之前所进行的财务控制，把可能产生的差异予以排除。例如：财务收支活动发生之前的申报审批制度、产品设计成本的规划等。

（2）事中财务控制也称过程控制，指财务收支活动发生过程中所进行的控制，如：按财务预算、制度、定额、标准的要求控制各项收入和支出，对各项收入的去向和支出的用途进行监督，对产品生产过程中发生的成本进行约束等，预测可能出现的偏差，在差异尚未出现时就予以消除。

（3）事后控制也称结果控制，是指对财务收支活动的结果所进行的分析、评价、考核及其相应的奖罚，进一步完善财务控制。如：按财务预算的要求对各责任中心的财务收支结果进行评价，并以此实施奖罚标准，在产品成本形成之后进行综合分析与考核，以确定各责任中心和企业的成本责任。

（四）按控制的依据分类

财务控制按控制的依据分为财务目标控制、预算控制和制度控制。

（1）财务目标控制是以企业的财务目标为依据，对企业以及各责任中心的财务活动进行约束、指导和干预，使之符合财务目标要求的控制形式。

（2）预算控制是以企业财务预算为依据，对预算执行主体的财务收支活动进行监督、调整的一种控制形式，使企业的财务活动符合预算的目标。

（3）制度控制是指通过制定企业内部财务制度，并以此为依据约束企业和各责任中心财务收支活动的一种控制形式。制度控制通常规定只能做什么，不能做什么。与预算控制相比较，制度控制具有防护性的特征，而预算控制主要具有激励性的特征。

（五）按照财务控制的对象分类

财务控制的对象是企业及其内部各责任中心，更具体地讲，是企业及其各责任中心的财务收支和货币资金流动活动。故财务控制按控制的对象分为收支控制和货币资金控制。

（1）收支控制是按照财务预算和财务计划，对企业和各责任中心的财务收入活动和财务支出活动所进行的控制。收支控制旨在提高收入、减少支出，实现企业利润最大化。

（2）货币资金控制是对企业和各责任中心的货币资金流入和货币资金流出活动所进行的控制，目的是实现货币资金流入流出的基本平衡，既要防止因现金短缺而可能出现的支付危机，也要防止因现金闲置而可能出现的机会成本增加。

（六）按照财务控制的手段分类

按财务控制按控制的手段可分为定额控制和定率控制。

（1）定额控制也称绝对控制，是指对企业和责任中心的财务指标采用绝对额指标进行控制。通常对激励性指标确定最低控制标准，对约束性指标确定最高控制标准。

（2）定率控制又称相对控制，是指对企业和责任中心采用相对比率指标进行控制。一般而言，定率控制具有投入与产出对比、开源与节流并重的特征。

比较而言，定额控制没有弹性，定率控制具有弹性。

三、财务控制的程序

财务控制的基本程序包括以下三个步骤。

（1）确定控制的标准，分解和落实指标。要保证预算目标的完成，对财务活动进行控制，必须有相应的标准作为依据。财务控制首先要做的工作就是把预算任务，按照责、权、利相结合的原则，以标准和指标的形式进行分解，然后落实到相应的责任中心。这样企业内部的每一个单位甚至每一个员工，都有明确的任务要求，便于落实责任，检查考核业绩。

（2）实施追踪控制，及时调整误差。控制的标准确定以后，按照标准的要求，运用各种手段，对财务预算的实施过程进行追踪控制。把实际指标与标准进行比较，及时发现差异，确定差异的程度，并分析差异形成的原因和责任归属，采取切实可行的措施，及时纠正实际过程或调整标准，以便消除差异，确保预算指标的顺利实现。

（3）进行业绩考核，搞好奖惩。对各项财务指标的执行结果进行考核，运用激励机制，实行奖优罚劣。对于有利的差异，要肯定成绩，予以奖励；对于不利的差异，除分析原因、采取措施外，还要进行相应的惩罚，以调动各责任中心的积极性。

第二节 内部责任控制

一、责任中心的含义

（一）责任中心的含义

责任中心是企业内部在一定范围内控制成本发生、收益实现和资金使用的组织单位。企业为了能够进行有效的控制及内部协调，通常按统一领导、分级管理的原则在其内部合理划分责任单位，明确各责任单位应承担的经济责任、应有的权利义务和利益，促使各责任单位尽其责任协同配合。

（二）责任中心的特征

责任中心的基本特征是权、责、利的结合，具体来说，责任中心具有如下特征。

（1）拥有与企业总体管理目标相协调、且与其管理职能相适应的经营决策权。分权管理的主要目的在于提高管理的效率。从企业的角度看，能在最恰当的时刻对企业遇到的问题做出最恰当的决策。为保证做到达一点，就应在领导层的指导下，对一些日常的经营决策权直接授予负责该经营活动的部门，使其能针对具体情况及时做出处理，以避免因层层汇报、延误决策时机而造成损失。所以，责任中心的第一特征是被授予与其管理职能相适应的经营决策权。

（2）承担与其经营决策权相适应的经济责任。责任中心应拥有并能行使一定的权利即一定范围、一定程度的决策权、指挥权和控制权，能够控制其可控范围内的责任指标。有什么样的决策权力，就有什么样的经济责任，每个责任中心只对其责权范围可以控制的成本、收入、利润和投资负责，在责任预算和业绩考核中也只包括其能控制的项目。所以当一个部门被授予其经营决策权时，就必须对其决策的“恰当性”承担经济责任，这也是对有效的使用其权力的一种制约，所以每一个责任中心，必须根据授予其经营决策权的范围承担相应的经济责任。

（3）建立与责任相配套的利益机制。为了保证企业各个部门管理人员都能有效行使其权力并勇于承担责任，就必须建立与其责任相配套的利益机制，以使各个管理人员的个人利益与其管理业绩联系起来。

（4）责任中心应能够进行责任会计核算或单独核算，以真实、正确地反映责任中心预算责任执行情况，并为财务控制提供信息。责任中心不仅要划清责任而且要单独核算，划清责任是责任中心完成目标和任务的前提，单独核算则是保证。只有既划清责任又能单独核算的企业内部单位才能作为一个责任中心。

（5）各个责任中心的目标与企业整体目标是协调一致的。无论是集中管理还是分权管理，其最终目的都是为实现企业的整体目标。因此，将经营决策权授予各级管理人员时，实际上是将企业的整体目标分解成各个责任中心的具体目标。

二、成本中心

（一）成本中心的含义

成本中心是对成本或费用承担控制、考核的责任中心。成本中心不对收入、利润或投资负责。因为成本中心往往没有收入，比如：生产车间，没有销售的职能，它的产品或半成品不由自己出售，没有货币收入。即使有的车间可能有少量的收入，也不是其考核的主要内容。成本中心一般包括负责产品生产的生产部门、劳务提供部门和给予一定费用指标的管理部门。

成本中心的应用范围最广泛。一般来说，凡是有成本发生、需要对成本负责、并能实施成本控制的内部单位都可以成为成本中心。例如：企业的分厂、车间、部门、工段、班组、个人都有可能成为成本中心，大的成本中心可能是一个分厂，小的成本中心可能是个人①。可见，成本中心有规模大小和层次高低之分。一个大的成本中心由各个较小的成本中心组成，层次较高的成本中心可以统驭层次较低的成本中心，较低层次的责任中心对较高层次的责任中心负责。这样就形成一个逐级控制、层层负责的成本中心体系。成本中心的职责是用一定的成本完成规定的具体任务。

（二）成本中心的类型

成本中心可分为技术性成本中心和酌量性成本中心。

（1）技术性成本中心（或标准成本中心），是指把生产实物产品而发生的各种技术性成本作为控制对象的成本中心。如产品生产过程中发生的直接材料、直接人工、间接制造费用等。其特点是这种成本的发生可以为企业提供一定的物质成果，在技术上投入量与产出量之间有着密切的联系。技术性成本可以通过弹性预算予以控制。

（2）酌量性成本中心（或费用中心），是指把为组织生产经营而发生的酌量性成本或经营费用作为控制对象的成本中心。酌量性成本主要包括各种管理费用和某些间接成本项目，例如广告宣传费用、研究开发费用、职工培训费用等内容。这种费

① 陈玉婵，陈莞坚，吕彦花等．数字经济时代的企业财务管理转型研究［J］．商展经济，2022，70（24）：137—139.

用发生主要是为企业提供一定的专业服务。酌量性成本的控制亦着重于预算总额的审批上。

（三）成本中心的特点

相对于利润中心和投资中心而言，成本中心主要有如下特点。

（1）成本中心只考评成本费用而不考评收益。成本中心一般不具备经营权和销售权，其经营活动的结果不会形成可以用货币计量的收入。有的成本中心可能有少量的收入，但是从整体上看，其产出与投入之间不存在密切的对应关系，因而，这些收入不作为主要的考核内容，也不必计算这些货币收入。概括地说，成本中心只以货币形式计量投入，不以货币形式计量产出。

（2）成本中心只对可控成本负责任。成本费用依其责任主体是否能够控制，可以分为可控成本和不可控成本。凡是责任中心能够控制其发生及其数量的成本称为可控成本；不能够控制其发生及其数量的成本称为不可控成本。可控成本必须具备以下四个条件：一是可以预计，即成本中心能够事先知道将发生哪些成本以及何时发生；二是可以计量，即能够对发生的成本进行计量；三是可以施加影响，即成本中心可以通过自身的行为来调节成本；四是可以落实责任，凡是不具备以上四个条件就是不可控成本。

成本的可控与否是相对而言的，这与责任中心所处管理层次的高低、管理权限及控制范围的大小和经营期间的长短有直接关系。对于一个企业而言，几乎所有的成本都是可控的。而对于企业下属各层次、各部门乃至个人来说，则既有各自的可控成本，又有各自的不可控成本。某项成本就某一责任中心看是不可控的，而对于另一个责任中心则可能是可控的，这不仅取决于该责任中心的业务内容，也取决于该责任中心所管辖的业务内容的范围。

（3）成本中心只对责任成本进行考核和控制。责任成本是各成本中心当期确定或发生的各项可控成本之和。其可分为预算责任成本和实际责任成本。前者是指由预算分解确定的；后者是指各责任中心从事业务活动实际发生的。对成本费用进行控制，应以各个成本中心的预算责任成本为依据，确保实际责任成本不会超过预算责任成本；对成本中心进行考核，应当通过各成本中心的实际责任成本与预算责任成本进行比较，确定其成本控制的绩效，并采取相应的奖惩措施。

（四）成本中心的考核指标

成本中心的考核指标主要采用相对指标和比较指标，包括成本（费用）变动额和变动率两个指标。其计算公式为：

成本（费用）变动额＝实际责任成本（费用）－预算责任成本（费用）

成本（费用）变动率＝［成本（费用）变动额/预算责任成本（费用）］×100%

其中：

预算责任成本＝预算单位成本×实际产量

在进行成本中心考核时，如果预算产量与实际产量不一致，应注意按弹性预算的方法先行调整预算指标，然后再按上述公式计算。

三、利润中心

（一）利润中心的含义

成本中心的决策权力是有限的。一个责任中心，如果能够同时控制生产和销售，既要对成本负责又要对收入负责，但没有责任或没有权力决定该中心资产投资的水平，因而可以根据其利润的多少来评价该中心的业绩，那么，该中心称为利润中心。即利润中心是指既对成本负责又对收入和利润负责的区域，它有独立或相对独立的收入和生产经营决策权。

利润中心往往处于企业内部的较高层次，一般具有独立的收入来源和独立的经营权。利润中心对成本的控制是联系着收入进行的，它强调相对成本的节约。

（二）利润中心的类型

利润中心可以分为自然利润中心与人为利润中心两种。

（1）自然利润中心是面向市场可以直接对外销售产品并取得收入的利润中心。这种利润中心本身直接面对市场，具有产品销售权、价格制定权、材料采购权和生产决策权。其功能同独立企业相近。最典型的形式就是公司内部的事业部。

（2）人为利润中心是指只对内部责任单位提供产品或劳务，而取得“内部销售收入”的利润中心。这种利润中心一般不直接对外销售产品。

工业企业的大多数成本中心都可以转化为人为利润中心。人为利润中心一般也应具备相对独立的经营权，即能自主决定本利润中心的产品和劳务的种类、产品或劳务的质量、作业方法、人员调配等。

（三）利润中心的考核指标

利润中心的考核指标主要是利润。通过比较一定期间实际实现的利润与责任预算所确定的利润，可以评价其责任中心的业绩。但是由于成本计算方式不同，各利润中心的利润指标的表现形式也不相同。

在评价利润中心业绩时，至少有四种选择，即边际贡献、可控边际贡献、部门边际贡献和税前部门利润。其计算公式为：

边际贡献＝部门销售收入－部门变动成本

可控边际贡献＝部门边际贡献－部门可控固定成本

部门边际贡献＝部门可控边际贡献－部门不可控固定成本

税前部门利润＝部门边际贡献－部门管理费用

四、投资中心

（一）投资中心的含义

投资中心是指某些分散经营的单位或者部门，其经理所拥有的自主权不仅包括制定价格、确定产品和生产方法等短期经营决策权，而且还包括投资规模和投资类型等投资决策权，它是既对成本、收入和利润负责，又对投资效果负责的责任中心。

投资中心是企业内部最高层次的责任中心，它在企业内部具有最大的决策权，也承担着最大的责任。其管理特征是较高程度的分权管理。一般而言，大型集团所属的子公司、分公司、事业部往往都是投资中心。从组织形式上来看，成本中心一般不是独立法人，利润中心可以是独立法人，也可以不是独立法人，而投资中心一般则是独立法人。

（二）投资中心的考核指标

投资中心的考核指标不仅要衡量利润，还要衡量其资产，并把利润与其所占用的资产联系起来。评价投资中心业绩的考核指标通常有投资利润率和剩余利润两种指标。

1. 投资利润率

投资利润率是最常见的考核投资中心业绩的评价指标，它是投资中心所获得的利润与投资额之间的比率。其计算公式为：

投资利润率＝（利润/投资额）×100％

投资利润率指标，还可以进一步展开：

投资利润率＝（销售收入/投资额）×（成本费用/销售收入）×（利润/成本费用）

＝资本周转率×销售成本率×成本费用利润率

以上公式中投资额是指投资中心的总资产扣除负债后的余额，即投资中心的净资产。所以，该指标也可以称为净资产利润率，它主要说明投资中心运用公司的每一单位资产对整体利润贡献的大小，或投资中心对所有者权益的贡献程度。

为了考核投资中心的总资产运用状况，也可以计算投资中心的总资产息税前利润率，它是投资中心的息税前利润除以总资产占用额。其计算公式为：

总资产息税前利润率＝（息税前利润/总资产）×100%

其中，总资产是指生产经营中占用的全部资产。因资金来源中包含了负债，相应分子也要采用息税前利润，它是利息加利润总额。投资利润率按总资产占用额计算，主要用于评价和考核由投资中心掌握、使用的全部资产的盈利能力。值得说明的是，由于利润或息税前利润是期间性指标，故上述投资额或总资产占用额应按平均投资额或平均占用额计算。

投资利润率具有能反映投资中心的综合盈利能力、将各投资中心的投入和产出进行比较并剔除了因投资额不同而导致的利润差异的不可比因素、优化资源配置和经营管理行为长期化等优点，因此，可以将投资利润率作为选择投资机会的依据和评价投资中心经营业绩的尺度。

总体来说，投资利润率的主要优点是能促使管理者像控制费用一样地控制资产占用或投资额的多少，综合反映一个投资中心全部经营成果。但是该指标也有其局限性，其主要表现在：使用投资利润率往往会使投资中心只顾本身利益而放弃对整个企业有利的投资项目，造成投资中心的近期目标与整个企业的长远目标的背离。

2. 剩余收益

为了克服投资利润率本身的某些缺陷，可以采用剩余收益作为评价指标。剩余收益是指投资中心获得的利润扣减其最低投资收益后的余额。其计算公式为：

剩余收益＝利润－投资额×预期的最低投资收益率

如果考核指标是总资产息税前利润率时，则剩余收益计算公式应作相应调整。计算公式为：

剩余收益＝息税前利润－总资产占用额×预期的总资产息税前利润率

这里所说的预期的最低收益率和总资产息税前利润率通常是指企业为保证其生产经营正常、持续进行所必须达到的最低收益水平。

剩余收益的主要优点是可以使业绩评价与企业的目标协调一致，引导部门经理采纳高于企业资本成本的决策。

采用剩余收益指标还有一个好处，就是允许使用不同的风险调整资本成本。从现代财务理论来看，不同的投资有不同的风险，要求按照风险程度调整其资本成本。因此，不同行业不同企业的资本成本不同，甚至同一部门的资产也属于不同的风险类型。在使用剩余收益指标时，可以对不同部门或者不同资产规定不同的资本成本百分数，使剩余收益这个指标更加灵活。而投资利润率评价方法并不区别不同资产，无法分别处理风险不同的资产。

但是，剩余收益是绝对数指标，不便于不同部门之间的比较。规模大的部门容易获得较大的剩余收益，而它们的投资报酬率并不一定很高。因此，许多企业在使用这一方法时，事先建立与每个部门资产结构相适应的剩余收益预算，然后通过实际与预算的对比来评价部门业绩。

第三节 内部转移价格

一、内部转移价格的含义及确定原则

企业的各个责任中心在一定的范围内所发生的生产经营活动存在着错综复杂的联系，在各个责任中心内不可能完全避免和清除其他部门的影响，各责任中心只能在其生产经营活动中，尽可能地将责任归属划分清楚。而在责任会计制度下，为划清各责任中心的经济责任，引导责任中心正确进行生产经营决策，规定企业内部各责任中心之间相互提供产品或劳务，均应按一定的价格计价结算。因此，合理地制定内部转移价格，可以较为清晰地确定各责任中心应承担的经济责任，使各责任中心的业绩考评建立在客观、可比的基础上。

（一）内部转移价格的含义和作用

内部转移价格是指企业内部各责任中心之间提供产品或劳务的结算价格。从广义上讲，它包括间接费用的分摊和服务部门的分摊；从狭义上讲，内部转移价格是一个责任中心向另一个责任中心提供货物或劳务所选用的一种价格标准。

内部转移价格作为一种内部价格的计量标准，可以确定转移产品或劳务的价值量。这些价值量既可以用来衡量提供产品或劳务的责任中心的经营效果，也可以用以反映接受产品或劳务的责任中心的成本费用。因此，制定合理的内部转移价格，在企业的生产经营和责任会计制度中都具有重要的作用。其表现在以下三方面。

1. 合理落实经济责任

划分企业内部各责任中心之间的经济责任，是实行责任会计制度的重要前提。而制定合理的内部转移价格，又是划分经济责任不可缺少的手段。内部转移价格是利用价格的调节手段，通过内部交易的形式在各责任中心之间调节彼此的收入与费用，可使各责任中心的经济责任合理、明确，从而具体落实这些经济责任。只有合理地确定了各责任中心进行经济往来时所使用的结算价格，才能维护各责任中心的经济权益，明确划清其经济责任，从而充分调动各责任中心的积极性。

2. 是客观考评各责任中心工作业绩的重要基础

内部转移价格是考评责任中心业绩的重要依据，有合理的内部转移价格，才能科学地衡量企业内部各部门、各层次的工作业绩，准确、客观地计量各责任中心对责任预算的执行情况，使责任中心的业绩考评建立在客观、可比的基础之上。

3. 引导各责任中心正确进行生产经营决策

企业内部由于采用统一的内部转移价格进行各种产品或劳务的结算，使各责任中心的会计资料客观、可比，企业最高管理层和内部各业务职能部门的主管人员就能根据企业未来一定期间的经营目标和有关的成本、收入、利润以及资金情况，在分析比较的基础上，制定正确的经营决策，选取履行经济责任、完成责任预算、实现预定目标的最佳方案。

（二）内部转移价格的制定原则

为充分发挥内部转移价格的作用，制定内部转移价格时应遵循以下原则。

1. 科学性原则

内部转移价格必须在较大程度上反映产品或劳务的实际劳动消耗水平，必须在广泛收集和认真处理相关资料的基础上制定内部转移价格，预计和分析各责任中心的成本费用状况。

2. 目标一致性原则

在内部转移价格制定过程中，必须考虑企业总体利益和各责任中心的局部利益，并使之协调一致。当两者利益发生冲突时，企业应从整体利益出发，制定内部转移价格，保证企业利润最大化。

3. 公平性原则

企业制定的内部转移价格，必须确保转出产品或提供劳务的责任中心和接受产品或接受劳务的责任中心，其双方利益得到公平合理对待。

4. 独立自主原则

在企业整体利益的前提下，承认各责任中心的相对独立性，给予各责任中心相对独立的生产经营权，制定的内部转移价格必须为企业和各责任中心都接受。

二、内部转移价格的类型

合理的内部转移价格必须是受让双方自愿接受的，对双方均有利，并能给企业整体带来较好经济效益。因此，制定内部转移价格，必须抓住两个基本前提：

第一，凡是成本中心相互之间提供产品或劳务，以及有关成本中心的责任成本结转，一般应按标准成本或预计分配率作为内部转移价格。以标准成本为依据制定的内部转移价格称为标准成本型内部转移价格。标准成本法的最大优点是将企业管理和会计核算工作结合起来，责任分明，能激励双方降低成本。

第二，凡企业内部产品或劳务的转移，以及责任成本的结转，涉及利润中心或投资中心，应尽可能采用市场价格、协商价格、双重价格和成本转移价格作为制定内部转移价格的基础。

按照所包含的内容或制定方式不同，内部转移价格可以分为市场价格、协商价格、双重价格和成本转移价格。

（一）市场价格

市场价格简称市价，是根据产品或劳务的市场供应价格作为内部转移价格的计价基础。一般认为，以市场价格作为内部转移价格最符合责任会计的原则及利润中心和投资中心的概念。

企业各利润中心和投资中心为了取得较好的经济效益，就不会同意以低于市场价格的内部价格向其他利润中心和投资中心提供产品和劳务，或者按高于市场价格的内部转移价格接受其他责任中心提供的产品或劳务。市价唯一较客观的标准就是对交易双方无所偏袒。

企业采用市价作为内部转移价格，对内部产品或劳务的转移进行核算，对受让双方均较为有利，必定也会给整个企业带来较佳的经营效果。

但是各利润中心始终是企业的内部部门单位，从属于企业，必须以企业的整体利益为重。所以，在采用市场价格作为内部转移价格时，内部买卖双方通常要遵循以下三个原则。

（1）作为卖方的利润中心，其转出的产品或提供的劳务，应首先满足企业内部其他利润中心的需要，但有权拒绝以低于市价的转移价格对内转移。

（2）作为卖方的利润中心，其转出的产品或提供的劳务按照市价对内转移，要保质保量；而作为买方的利润中心，有购买的义务。但是内部转移价格高于市场价格，作为购买方的利润中心则有权拒绝购买，而改向市场购买。

（3）企业内部转移产品或劳务，不应影响利润中心履行其签订的对外供应合同。采用市场价格作为内部转移价格，在企业内部引进市场机制，营造一种竞争局面，使企业内各个利润中心实质上都成为独立的机构，自主经营，相互竞争，最后再通过利润指标来评价和考核其经营成果。

但以市场价格作为内部转移价格也存在一定的局限性。因为凡是属于内部转让的产品或劳务，往往是专门生产的，或具有特定的规格，在这样的情况下，很可能没有市价可以作为参考进行比较。另外，市场价格的变化往往较大，而且也很频繁，这给市场价格的确定带来一定的困难。

（二）协商价格

协商价格也可称为议价，是企业内部各个责任中心以正常的市场价格为基础，通过定期共同协商所确定的为双方所接受的价格。成功的协商价格依赖于两个条件：第一，要有一个某种形式的外部市场，两个部门的经理可以自由地选择接受或是拒绝某一价格。如果根本没有可能从外部取得或销售中间产品，就会使一方处于垄断状态，这样的价格不是协商价格，而是垄断价格。第二，当价格协商的双方发生矛盾不能自行解决，或双方谈判可能导致企业非最优决策时，企业的高级管理阶层要进行必要的干预。

协商价格的上限是市价，下限是单位变动成本，具体价格应由买卖双方在其上下限范围内协商议定，原因在于：①外部售价一般包括销售费、广告费及运输费等，这是内部转移价格中所不包含的，因而内部转移价格会低于外部售价。②内部转移的中间产品一般数量较大，故单位成本较低。③售出单位大多拥有剩余生产能力，因而议价只需略高于单位变动成本就行。

采用协商价格也存在一定的缺陷：在双方协商过程中，不可避免地要花费很多人力、物力和时间，当买卖双方的负责人协商相持不下时，往往需要企业高层领导进行裁定，这样，就丧失了分权管理的初衷，也很难发挥激励责任单位的作用。

（三）双重价格

双重价格是由针对责任中心各方分别采用不同的内部转移价格所制订的价格。如对产品（半成品）的供应方，可按协商的市场价格计价；而对使用方则按照供应方的产品（半成品）单位变动成本计价，其差额由会计部门进行调整。之所以采用双重价格是因为内部转移价格主要是为了考核、评价各责任中心的业绩。因此，各个相关责任中心所采用的价格并不完全一致，对不同责任中心分别选用对其最有利的价格为计价依据。

双重价格有两种形式：第一是双重市场价格，它是指当某种产品或劳务有多种市价时，供应方采用最高市价，使用方采用最低市价；第二是双重转移价格，它是指供应方按市价或议价计价，而使用方按照对方的单位变动成本计价的方法。

当内部产品或劳务有外界市场，供应方有剩余生产能力、而且其单位变动成本要低于市价，而采用单一的内部转移价格又不能调动各责任中心的积极性和确保责任中心与整个企业的经营目标实现时，可考虑采用双重价格。

双重价格可较好地满足供应方和使用方的不同需要，能激励双方在经营上充分发挥其主动性和积极性。

（四）成本转移价格

成本转移价格是指以产品或劳务的成本为基础而制定的内部转移价格。包括标准成本价格、标准成本加成价格和标准变动成本价格三种。

1. 标准成本价格

标准成本价格是以产品或劳务的单位标准成本为基础的价格。其适用于成本中心之间转移的产品（半成品）的结算。其优点是可以将管理和核算工作结合起来，有利于避免转移供应方成本高低对使用方的影响，有利于调动供需双方降低成本的积极性。

2. 标准成本加成价格

标准成本加成价格是指以产品或劳务的单位标准成本加上一定的合理利润（按成本加成率计算）确定的内部转移价格。其优点是能分清相关责任中心的责任，但确定加成利润率时，也难免带有主观随意性。

3. 标准变动成本价格

标准变动成本价格是指以产品或劳务的单位标准变动成本为基础的内部转移价格。它符合成本性态，能够明确揭示成本与产量的关系，便于考核各责任中心的业绩，也利于经营决策。不足之处是产品（半成品）或劳务中不包含固定成本，不能反映劳动生产率变化对固定成本的影响，不利于调动各责任中心提高产量的积极性。

第七章 财务分析

第一节 财务分析概述

一、财务分析的基本内涵

（一）财务分析的定义

财务分析是以财务报表及其他相关资料为依据，采用一系列专门的技术和方法，对企业等经济组织过去和现在的经营成果、财务状况及其变动等进行分析与评价的经营管理活动。它是为企业的投资者、债权人、经营者及其他关心企业的组织或个人了解企业的过去、评价企业的现在、预测企业的未来，作出正确决策提供准确的信息或依据的经济应用学科。要正确理解财务分析的基本内涵，必须了解以下几个方面。

1. 财务分析是一门边缘性学科

财务分析是在企业经济活动分析、财务管理和会计学基础上发展形成的一门综合性、边缘性学科；是适应现代经济体制和现代企业制度的需要，在以上相关学科中有关财务分析的内容与方法基础上形成的一门学科。它不是对原有学科中关于财务分析问题的简单重复或拼凑，而是根据经济理论和实践的要求，在相关学科基础上构建的独立的、系统的理论体系。

2. 财务分析有着完整的理论体系

随着财务分析的产生与发展，财务分析理论体系还将不断完善。财务分析理论体系由目的、作用、原则、内容、方法及指标各要素构成。随着人们对其认识的不断深化，财务分析理论体系将更加完善。

3. 财务分析存在系统的、客观的资料依据

财务分析最基本和最主要的资料是财务报表。财务报表体系结构及内容的科学性、系统性、客观性为财务分析的系统性与客观性奠定了坚实的基础。另外，财务分析不仅以财务报表等资料为依据，而且还参考成本会计、财务管理、市场信息及其他有关资料，使财务分析资料更加真实、完整。

4. 财务分析具备健全的技术方法体系

财务分析实践使财务分析的方法不断发展和完善，它既有财务分析的一般方法或步骤，又有财务分析的专门技术方法。比较分析法、比率分析法等都是财务分析专门的和有效的方法。在大数据时代下，财务人员利用大数据技术挖掘分析海量数据，并进行预测分析和关联分析，大大增强了数据的全面性、实时性和准确性。

5. 财务分析有明确的目的和作用

财务分析的目的由于财务分析的主体不同而不同，投资者、经营者和债权人各有其不同的分析目的。至于财务分析的作用，它不仅可分析过去，而且可以评价现在和预测未来。这些目的和作用是其他学科所不能完全达到的。

(二) 财务分析与相关学科关系

1. 财务分析与经济活动分析

在我国，财务分析一直是作为经济活动分析的一个组成部分存在的。而经济活动分析又是20世纪50年代从前苏联引进的。财务分析要独立成科，首先要研究这两者之间的关系。从财务分析与经济活动分析的关系看，两者的共同点在于“分析”，如有着相同或相近的分析程序、分析方法、分析形式等。它们的区别在于以下几个方面：

(1) 依据不同。财务分析依据企业内部与外部两方面的资料，如企业会计报表资料、有关的市场利率、股市行情、国家政策信息等资料；经济活动分析的资料则主要依据企业内部的各种会计资料、统计资料、技术或业务资料等。

(2) 信息使用者不同。财务分析除了企业经营者外，还有诸如投资者、债权人等企业以外的信息使用者；而经济活动分析则主要适用于企业经营者，是一种经营分析。

(3) 对象、内容不同。财务分析的对象是企业的财务活动，包括资金的筹集、投放、耗费、收回、分配等，主要涉及企业的资金运动；而经济活动分析是对企业整个再生产过程的综合考察、研究与预测，除了对财务活动的分析外，还有对物质运动的分析，即主要是对生产活动的分析。

2. 财务分析与财务管理

从财务分析与财务管理关系看，它们的相同点在于“财务”，都将财务问题作为研究的对象。它们的区别主要表现在以下几个方面：

(1) 职能与方法不同。财务分析的职能与方法着眼点在于分析，属决策支持系统；财务管理的职能与方法着眼点在于管理，属决策系统。

（2）研究财务问题的侧重点不同。财务分析侧重于对财务活动状况和结果的研究；财务管理则侧重于对财务活动的全过程进行研究。

（3）结果的确定性不同。财务分析结果具有确定性，因为它主要以实际的财务报表等资料为基础进行分析；而财务管理结果有的是不确定的，是根据预测值及概率估算的。

（4）服务对象不同。财务分析服务对象包括企业内、外部信息使用者；而财务管理的服务对象则主要是内部经营者。

综上所述，财务分析与财务管理在很多方面具有不同的特征，过去把财务分析仅仅作为财务管理的一个环节，其意义是比较狭隘的。财务分析作为一门学科，它具有更丰富的内涵和外延，应从一个更高更广的意义上理解财务分析。值得注意的是，由于它们都是针对企业的财务活动而言，两者又是密不可分的。财务分析贯穿财务管理过程始终，财务管理的每一环节都应有相应的财务分析。按环节可分为：财务预测分析、财务决策分析、财务控制分析、财务评价分析等。按财务活动内容则分为筹资分析、投资分析、股利分配分析等。

3. 财务分析与会计学科体系

由于会计学科体系也正在进行一场轰轰烈烈的改革，给“财务分析与会计学科体系”的讨论带来难度，要理顺两者关系，首先应对会计学科体系有个全面清晰的认识。与财务分析相关的会计学科，应是财务会计、成本会计、管理会计，其中尤数成本会计与管理会计界限不清。在西方，管理会计是由美国会计学者 H. W. 奎因斯坦在 1922 年出版的著作《管理会计：财务管理入门》中首次明确提出的。但直到 20 世纪 50 年代以前，管理会计一直未能独立成科，而作为独立的会计分支学科存在的是成本会计学。成本会计学作为一门独立学科产生于 19 世纪末期，第一本成本会计著作是 1885 年亨利·梅特卡夫的《工厂成本》。到了 20 世纪年代后，成本会计开始让位于管理会计。我国在引入西方管理会计之前，成本会计与财务会计一样同处于企业普通的会计体系中未独立成科。这主要是传统体制下，两者对象的统一性和目标的共同性使然。在引入西方管理会计后，由于我国普通会计体系是包括了成本计算和成本核算的，不同于西方财务会计，且中、西方成本内涵不同：我国普通会计学介绍的是完全成本法和实际成本制度，而西方管理会计介绍变动成本法和标准成本制度。这便是通常所说的普通会计与管理会计“两张皮”，及管理会计在我国难以运用的重要原因。目前有人认为协调两者矛盾的方法是分化管理会计，将成本问题分离出来，结合我国实情加以改造，完善独立的成本会计学，而将管理会计中的非成本部分，并入如财务管理等相关学科中，这种方案是合理而可行的。通过理顺两者的关系可知，财务分析现在面对的相关学科是财务会计与成本会计。

(1) 财务分析与财务会计的关系。①财务分析是财务会计的逻辑扩展，是对财务会计所提供的信息进行的深度加工与转换。虽然会计报表能够提供一些信息，但对信息使用者来说，仍不能有效地满足其要求。如银行不能直接从会计报表中调阅出确证企业偿债能力的大小等相关资料。会计报表缺乏对企业财务状况的高度概括，财务分析则通过对会计报表中有关项目的审查、研究、计算，形成有关企业各种能力的指标，将会计信息转化为对决策有用的信息。②财务分析主要是以财务会计核算的报表资料为依据的，没有财务会计资料的正确性，就没有财务分析的准确性。由此可看出：财务会计的主要职能是核算，是为财务分析提供需要的信息；而财务分析则是建立在财务会计信息基础上。两者相辅相成，缺一不可。它们都是决策支持系统，财务会计为财务管理决策提供粗加工原料，而财务分析则是为财务管理决策提供精加工信息。它们之间存在着层次递进的关系。

(2) 财务分析与成本会计的关系。财务分析与成本会计在对企业内部生产经营管理方面是有一定联系的。财务分析也需要以成本会计的一些资料为依据进行。财务分析与成本会计二者有紧密联系，但也存在些许区别，其各自的职责和重点也有所不同。

综上所述，财务分析的内容与很多学科内容广泛存在着相互交叉、移植和借鉴的情况。但是，交叉并不意味着合流，移植也并非混同，借鉴更不会抹煞固有的区别。财务分析学科内容与其相关学科内容不可能像切西瓜一样界限分明，但应力避大面积重复。财务分析学科的独立性也是相对的，不是绝对的，是以财务分析为重点而形成的与其他学科的动态结合，是一门新兴的边缘学科。

二、财务分析的目的

财务分析的目的受财务分析主体的制约，不同的财务分析主体进行财务分析的目的是不同的。各种财务分析主体的分析目的也就构成了财务分析的目的或财务分析的研究目标。财务分析主体可分为外部和内部两大类：外部分析主体一般包括债权人、股东、其他企业、会计师事务所、政府及其他有关机构；内部分析主体一般为企业管理者、企业所有者、职工等。由于企业财务分析主体构成的多元化，导致了目的的多元化，从而又导致了分析内容的不同。从分析主体看研究财务分析的目的，可以从以下几方面进行：

（一）从企业投资者角度看财务分析的目的

投资者的投资目的都是为了取得盈利，但在盈利过程中伴随着投资风险，所以其分析内容是企业经营趋势、投资风险、收益的稳定性和盈利能力的大小。

（二）从企业债权人角度看财务分析的目的

债权人在确定或修正企业的借贷关系时，为了保证其债权能如期、完整的偿还，则要分析资产的安全性、企业的偿债能力、盈利能力和贷款的运用等方面。

（三）从企业的管理者角度看财务分析的目的

企业使用资产的目的是追求利润的最大化，企业向所有者及债权人承担着资产经营管理的责任，即资产必须保值和增值，对资产的运用能够使得企业生存和发展，并向所有者提供投资收益，按约定条件向债权人偿付资产。要达到这些目的，管理者必须通过常规、不懈的分析来对企业经营和理财的各方面工作进行评价，剖析企业当前财务状况和财务成果产生的原因，洞察企业经营中的风险性、资产运用中的安全性和效益性，把握企业的发展趋势，为企业经营决策和控制提供依据。

（四）从其他财务分析主体的角度看财务分析的目的

其他财务分析的主体主要指与企业经营有关的企业和国家行政管理与监督部门；与企业经营有关的企业单位主要指供应商和客户等。这些企业单位出于保护自身利益的需要，也非常关心往来企业的财务状况，以利于其进行财务分析。其进行财务分析的主要目的在于搞清企业的信用状况，包括商业信用和财务信用。商业信用是指按时、按质完成各种交易行为；财务信用则指及时清算各种款项、看企业是否能长期合作、决定是否对企业延长付款期。会计师事务所的目的是向投资者及有关单位确定企业提供的经营成果和财务状况的真实性、合法性、一致性等，要对企业财务报告进行查证、分析。财政、税收部门等为了取得宏观调控需要的资料，也要对企业税金的缴纳等方面进行分析。

三、财务分析的作用

（一）评估企业过去的经营绩效

各财务分析主体进行企业财务分析，可以了解企业过去一段时期的经营绩效，如：企业净利润的多少、投资报酬率的高低、销货量的大小、现金及营运资金流量的流动速度快慢。因此，通过对企业的财务分析，各分析主体可以评估企业过去的经营情况，并与同行业相互比较，以评估该企业的经营得失及潜在能力。

（二）衡量企业目前的财务状况

会计报表等资料是企业各项生产经营活动的综合反映，但会计报表的格式及提供的数据往往是根据会计的特点和管理的一般需要而设计的，其不可能全面提供不同目的的报表使用者所需要的各方面数据资料。而财务分析主体进行财务分析可以掌握企业目前的财务状况，如：企业现在所拥有的资产价值有多大，各项资产的投资比例是否合理，对外债务是否过多，可使用的现金数额、存货数额以及负债与权益的比例关系是否恰当。因此，各财务分析主体通过企业财务分析，可展示企业目前财务状况的真实情况，以评价企业财务现状，并估计企业未来的发展潜能。

（三）预测企业未来发展的前景

财务分析主体进行财务分析，首先，需要拟定数项可供选择的未来发展方案，然后，针对目前的情形，预测未来的发展趋势，以便作出最佳抉择。方案一经选定，将影响企业未来的发展，尤其对财务方面的影响更为深刻。因此，财务分析主体可以通过财务分析，对企业现实的财务状况和经营成果进行深入、细致地分析研究，科学地预测未来的发展趋势，并据以作出经营决策。

四、财务分析的基本原则

客观地评价企业的财务状况和经营成果，科学地进行财务分析，应遵循以下几个原则。

（一）科学性

财务分析要符合经济规律，反映财务活动的规律性。要从实际出发，而不应主观臆断，结论先行，搞数字游戏。要发展地看问题，而不应静止地看问题，要注意过去、现在和将来的关系。

（二）适用性

财务分析要便于企业管理者使用，既要反映问题，又要通俗易懂。要兼顾有关各方了解企业财务状况和经营成果等方面的需要。

（三）可比性

财务分析的指标不仅要在同类企业间、行业间、地区间进行比较，而且要在本企业不同时期以及与计划进行比较，从而得出客观的评价结果。

（四）全面性

要全面看问题，坚持一分为二，不应片面地看问题。要兼顾有利因素与不利因素、主观因素与客观因素、外部问题与内部问题。不仅要从某个方面重点反映企业财务状况，而且要从多个方面反映企业的财务状况和经营成果等。

（五）辩证性

要注意事物的联系，坚持相互联系地看问题，不能孤立地看问题。如对偿债能力的分析，资产负债率不是越高越好，也不一定是越低越好，一个企业的资产负债率很低，可以反映其财务风险小、经营稳健，但从另一方面则说明企业不善于利用外部资金，影响了企业盈利的提高，所以在财务指标分析时要注意局部与全局的关系、偿债能力与盈利能力的关系、报酬与风险的关系。

五、财务分析的内容

财务分析的内容主要因信息使用者的不同而分为外部分析内容、内部分析内容，另可设置专题分析内容。只有在企业提高了经济效益时，企业才可能有较强的偿债能力、盈利能力，国家、投资者、债权人及社会各方相关者的利益实现才有保证，因此，现代财务分析的重心由外部分析转向内部分析。财务分析的内、外部信息使用者进行财务分析时虽有不同的侧重，但也有共同的要求，都要求财务分析能够揭示出企业的经营趋势、资产与负债及资产与所有者权益之间的关系、企业的盈利能力等。企业的内部分析内容可包括外部分析内容；反之则不然。这主要是因为外部信息需求者目的的不同及对内部信息资料的不可得。企业的外部分析是企业外部利益集团根据各自的要求对企业进行分析，内部分析则主要为管理当局制定政策提供依据。此外，针对企业具体情况还可设置专题分析。具体说来，企业财务分析的内容有以下几个方面。

（一）外部分析

外部分析，亦称外部财务分析，主要指企业外部的投资者、债权人及政府部门等，根据各自需要或分析目的，对企业的有关情况进行的分析。外部分析的内容主要包括：企业偿债能力分析；企业盈利能力分析；企业资产运用效率分析；社会贡献能力分析；企业综合实力分析。

（二）内部分析

内部分析，亦称内部财务分析，主要指企业内部经营者对企业财务状况的分析。内部分析除以上外部分析内容外，还包括企业筹资分析、企业投资分析。另外，内部分析内容还应有：企业经营预算执行情况分析；财务状况和财务成果形成原因分析。

（三）专题分析

专题分析是指根据分析主体或分析目的的不同，对企业生产经营过程中某一方面的问题所进行的较深入的分析。随着市场经济的发展，企业将会遇到许多新情况、新问题，企业和外部信息使用者可根据自身的特点，结合特定的目标选取特定的资料及内容，有针对性地进行一些专题分析。如公司财务信息质量分析、资本资产结构优化分析等。

第二节　偿债能力分析

一、偿债能力的涵义

偿债能力是指企业偿还各种债务的能力。企业的负债按偿还期的长短，可分为流动负债和长期负债。而短期偿债能力是指企业以流动资产偿还流动负债的能力，长期偿债能力是指企业偿还长期负债的能力。偿债能力分析是对企业偿还自身所欠债权人债务的能力分析。

二、偿债能力分析的内容

企业偿债能力分析的内容受企业负债的内容和偿债所需资产内容的制约，不同的负债其偿还所需要的资产不同，或者说不同的资产可用于偿还的债务也有所区别。一般地说，由于负债可分为流动负债和长期负债，资产可分为流动资产和非流动资产，因此，偿债能力分析通常被分为短期偿债能力分析和长期偿债能力分析。

（一）短期偿债能力分析

反映企业短期偿债能力的指标主要有营运资金、流动比率、速动比率和现金比率等指标。通过这些指标的分析可以了解企业短期偿债能力的高低及其变化情况，说明企业的财务状况和风险程度。

（二）长期偿债能力分析

反映长期偿债能力的指标主要有资产负债率、产权比率（负债与股东权益比率）、有形净值债务率、已获利息倍数等一系列比率。通过这些指标的分析，可以了解企业长期偿债能力的高低及其变化情况。

三、偿债能力分析的意义

偿债能力的强弱是任何与企业有关联的人都很重视的问题，他们都从各自的目的和利益出发，关心企业的财务状况和经营成果。而企业的财务状况和经营成果，为企业投资者、债权人、经营者及其他有关人士进行决策提供了重要依据。所以，企业偿债能力分析有着重要的意义。

（一）可以了解企业的财务状况及变化情况

企业偿债能力的强弱是反映企业财务状况的重要标志。通过对企业偿债能力的计算和分析，投资者和经营者对企业的财务状况可以得到全面了解。银行和其他债权人可通过分析企业的财务资料，了解企业的偿债能力，判断企业的财务状况；了解企业是否有足够的支付能力和供货能力，能否及时、足额地支付货款，财务信用是否良好，能否保证其正常的生产经营。

（二）可以揭示企业的财务风险程度

企业负债必须按期归还，而且要支付利息。然而，企业可能会出现债务到期不能按时偿付的情况，这就是财务风险。而且，企业的负债比率越高，到期不能按时偿付的可能性越大，企业所承担的财务风险就越大。若企业偿债能力强，财务风险就较小；反之，则较大。

（三）有利于投资者进行投资决策

通过偿债能力的分析，投资者可以判断自身所承担的风险与可能获得的利益，以确定是否进行投资的决策。对于企业所有者来说，企业的资产只有先偿还债务后，其剩余部分才归所有者所有。另外，由于企业借款的利息费用数额固定，且税前支付，只有当企业的资本利润率高于利息成本时，投资者才能够获得收益，即利用负债融资获取高收益。所以，偿债能力的分析有利于投资者进行投资决策。

（四）可以为企业经营者进行各种财务活动提供参考

对企业经营者来说，通过偿债能力的分析，有助于了解和优化融资结构，降低融资成本。企业为提高承担财务风险的能力，需要明确划分资金的不同来源，揭示各种资金的不同性质，优化资金结构。这既是生产经营活动的需要，同时也是偿还债务的需要。若企业偿债能力弱，又需要偿还债务时，就必须及早筹集资金，以便债务到期时能够偿还；若偿债能力较强时，企业就可以利用暂时闲置的资金进行其他投资活动，以提高资金的使用效果。

第三节　营运能力分析

营运能力是指企业能够充分地运用已有的资源来创造价值。其本质就是要在最少的资源占有、最短的时间内、最大限度地制造出最多的商品和最大的销售额。因此，企业的营运能力直接关系到企业的财务稳定性和盈利能力。

一、营运能力分析的涵义

（一）营运能力分析的界定

营运能力的分析，其实就是对企业的资金使用效率进行分析，一般都是从资金（资产）的角度来进行，所以许多教科书都把它叫作“资产”，它是一种比较常见的分析方法，它包括资产的总周转率、固定资产周转率、存货周转率、应收账款周转率、营运资金周转率等。

此外，企业资金的来源（权益或负债）是衡量企业资本（权益资本或债务资本）的重要因素，一般采用资产总额、所有者权益、应付账款周转率等衡量指标。

（二）营运能力分析的作用

营运能力的分析对不同的利益相关者的影响是不同的，主要表现在以下几个方面：

1. 有利于企业管理者改善经营管理

企业的管理者是由企业的所有者或者股东委派的，负责对企业的资产进行保值和增值。他们担负着对企业日常经营的责任，并且要保证企业能够向股东提供与其相应的收益，并且能够有效地使用各种经济资源。所以，尽管他们关注的是企业的利润，但是他们更关注的是企业的整体运作。例如，通过对企业的资产结构和效益进行分析，可以发现和揭示出与企业经营性质、经营时期不相符的资产结构，并适时地进行调整，从而形成一个合理的资产配置，从而维持企业的流动资金，加快企业的资金周转，改善企业的财务状况，以此来赢得外部的信任。尤其是对闲置资产、低质量资产、虚拟资产进行分析，能够了解资产的存量和快速处置问题资产，能够有效地预防和消除资产运营的风险，增加企业的利润，增加企业现有的资源，并实现持续的发展。同时，企业营运能力的分析对于企业的经营风险具有重要的指导作用，可以为企业的财务决策和预算制定提供指导，也可以为企业的财务危机提供一定的参考。

2. 有助于企业投资者进行投资决策

企业的投资者既是企业的股东，也是企业潜在的投资者，他们进行财务分析，目的是分析企业的利润和财务安全，只有在投资者相信企业具有很好的发展前景时，他们才会继续投资，或者增加投资。而企业营运能力的分析则可以帮助其判断企业财务的安全性、资本的保全、企业的价值创造能力，从而做出相应的投资决策。

首先，企业的安全与企业的资产构成有很大的关系，企业的流动性和可变现性的资产比例愈高，则其偿债能力愈强，其财务安全程度愈高；其次，为了保证所有者和股东的投入资金，需要优质的资产作为物质基础，对其进行有效的资产管理，可以对其进行安全性评价；第三，资产的构成与效益对企业的效益有很大的影响。企业库存资产的流转率愈高，其获利能力愈强；库存资产中的商品资产数量越多，所获得的利润也就越多；在商品资产中，总的毛利金额较大的产品，其所获得的利润也较高。资产的合理配置与有效的资产管理是企业未来盈利的重要标志。

对于所有者来说，资金利用的效率性高低可以帮助评价经营者的经营业绩，找出经营中的缺陷，进而为企业的未来发展提供依据。

3. 有助于债权人进行信用决策

企业的营运能力是保证企业业绩的关键，它直接关系到企业的偿债能力和盈利能力。债权人通过对其经营能力的分析，可以帮助他们判断其所要求的物质保障水平和安全性，从而做出相应的信贷决定。

短期债权人可以根据企业的流动资产周转率、应收账款周转率、存货周转率等因素，并结合各因素对相关比例进行质量分析，从而判断企业短期债权的物质保障水平；长期债权人可以通过对长期负债期限相近的可实现的长期资产的认识来确定其长期债权的安全。一般而言，企业的资产利用效率愈高，债权人的物质保障愈高，其债权之安全性愈高。此外，通过对资金使用效率的分析，可以更好地反映企业的运营状况，进而为企业的信贷扩张和信贷紧缩提供依据。

4. 对其他与企业具有密切关系的部门和单位具有重要意义

对政府和相关主管机关而言，企业的营运能力分析可以帮助他们判断企业的经营状况和财务状况，同时也有助于他们监督各项经济政策和法规的执行，为宏观政策的制定和调整提供可靠的依据。

对于业务有关的企业，营运能力的分析可以帮助他们判断出另一家企业是否有充足的合格的产品，或具备充足的现金支付能力，并决定与该企业进行长期的、稳定的商业合作关系，或在信贷政策上的灵活性。

营运能力分析是一种有效的方法，可以有效地反映一家企业的经营状况、管理水平，甚至预测其未来的发展。

二、企业资产、负债和权益的变动分析

营运能力分析是对企业的资源利用效率进行分析的一种方法。从使用的角度来说，企业的资源是以各种资产的形式存在，而在其来源方面，则是以财务报告中的

债务和股东权益为特征。在企业的运作中，资产、负债、所有者权益等都会随着时间的推移而不断地变化，从而导致资产、负债、所有者权益的结构也随之发生改变。在进行效率指数分析前，本文将对某些重要科目的绝对价值变化作简单的分析。

（一）货币资金变动情况分析

货币资金包括现金、银行存款和其他货币资金．货币资金是企业流动性最强、最具活力的资产，也是盈利最小、几乎无收益的资产，拥有太多或太少会给生产和运营带来负面的影响。货币资金变动的原因有：

1. 销售规模的变动

销售和服务是企业获取货币资金的主要方式，销售规模的变化必然导致货币资金的存量变化，两者之间存在着一定的关联性。

2. 信用政策的变动

销售规模的扩张是资金增加的前提，企业信贷政策发生变化，货币资金的总量也随之发生变化。比如：在销售中，增加了销售的现销率，就可以增加货币资金的存量；相反，货币资金的总量将会减少。如果企业收账政策发生变化，也会影响到货币资金的存量，比如：企业实行更严格的收账政策，其收账力度越大，货币资金的存量就越多；反之，则相反。

3. 为大笔现金支出做准备

在企业的生产和运营中，会出现大量的现金开支，比如发放现金红利、偿付即将到期的银行贷款、或者集中采购等。一旦需求消失，货币资金的存量将会下降。

4. 资金调度

一般而言，如果企业的货币资金规模太小，将会降低企业的支付能力，从而影响企业的信用，从而失去优惠购买的机会和最好的投资机会；相反，如果资金存量太大，将会导致企业失去这一部分的盈利机会，从而提高资金的持有成本，从而影响到企业的资金使用效率。因此，企业管理者对资金的调配也会对资金存量的规模产生一定的影响，比如在资金存量过小时，通过融资来增加其存量；或在股票数量大的情况下，采用短期证券的方式进行充分的利用，将会使股票的股票规模减少。

（二）应收账款变动情况分析

应收账款是指企业为其提供的商业信贷而向其交易方索取的债权。从资金占有的角度来看，应收账款的占用是最不经济的，但其亏损通常可以通过扩大销售来弥补。因此，对应收账款的占用也是必须的。应从下列几个方面对应收账款的变动进行分析：

1. 分析企业销售规模变动对应收账款的影响

企业销售的商品是形成应收账款的直接因素，在其他情况相同的情况下，应收账款会随销售规模的增大而增长，这是一种正常的变动。

2. 分析企业信用政策变动对应收账款的影响

如果企业有更严格的信贷政策，那么应收账款的规模就会更小；同时，企业收账政策也会对应收账款造成一定的影响，在实行更严格的收账制度下，应收账款的规模会更小，反之，应收账款的规模会更大。

（三）存货变动情况分析

存货资产是企业的主要流动资产，是企业生产和运营的重要物质基础。存货变化在很大程度上取决于企业的生产和运营。比如：企业的规模扩张和收缩，资产利用的效果，资产的周转速、存货管理的程度，等等。如果只考虑到会计政策对存货的影响，有以下几个方面的原因：

1. 存货数量盘存方法的影响

存货的变动对资产负债表中的存货项目产生了重要的影响，而企业的存货数量有两种主要的确定方式：实地盘存法和永续盘存法。在企业进行存货盘点时，存货项目是以存货为基础的。如果使用永续盘存方法，那么，只有在编制资产负债表时，才能反映出存货的账面数目。由于采用了两种不同的方法，导致了在资产负债表中的存货项目发生了变化，但其原因并不在于存货的数量变化，而在于对存货的核算方式的不同。

2. 期末存货价值的计价原则对存货项目的影响

期末的存货价值一般是按历史成本法进行确定的，但是，在会计体系中，企业也可以使用“成本－可变现净值”的方法来确定。如果按照历史成本法计算的存货小于可变现净值，则采用这两种方法计算的期末存货价值是一致的，如果存货的可变现净值下降到成本之下，则采用“成本－可变现净值”法计算的期末存货金额将会比历史成本法所确定的期末金额要低。所以，在企业变更存货价值的方法时，有可能导致资产负债表中的存货项目的变动。

（四）长期投资变动情况分析

所谓“长期投资”，就是将企业持有的或掌握的资产投入到企业之外的其他机构，从而获得收益。长期投资主要有长期股权投资、长期债权投资、以及其他长期投资。在长期投资中，除了投资和收回投资引起的长期投资项目变动之外，其变动主要由被投资单位的生产、经营状况及利润分配政策决定；二是长期投资的会计政策，包括长期投资是否按照成本法或权益法进行，是以历史成本法或以市场价值为基础。

1. 会计处理方法对长期投资项目的影响

在采用成本法的情况下，只有当企业从被投资单位获得利润或红利时，才会导致长期投资的变动。在企业使用权益法的时候，应当按照被投资单位的所有者权益的变化来调整长期投资。如果被投资单位由于其生产和运营表现良好而增加了所有者权益，则按照被投资单位的股本或出资比例调整长期投资。若被投资单位由于运营损失而导致所有者权益下降，则按照其投入的比率调整长期投资。由于两种会计核算方法的差异，对长期投资的影响也不尽相同。

2. 计价原则对长期投资项目的影响

在采用历史成本方法的情况下，短期和长期的投资是以投资的价值为基础的。若以成本和市场价值比较，短期和长期投资是最终结算时的市场价值。如果企业变更了定价准则，将引起长期投资的变更，但这并不意味着企业增加了投资或者收回了投资。

第四节 盈利能力分析

一、盈利能力的涵义及其意义

盈利能力是指企业赚取利润的能力。利润是一个时期的概念，是企业在一定会计期间内生产经营的最终成果。盈利能力大小是一个相对的概念，因为利润是一定投入与产出相配比的结果，是相对于一定的资源投入和一定的收入而言的。

利润是投资者取得投资收益、债权人收取本息、经营者经营业绩和管理效能的集中表现，也是职工集体福利设施不断完善的重要保障。利润是企业生存和发展的物质基础，是企业内外有关各方均关心的中心问题。企业只有最大限度地获取利润，才能为投资者提供尽可能高的投资报酬，为社会创造尽可能多的财富。较强的盈利能力是确保企业具有较强的财务能力的基础，因此，盈利能力分析在企业财务分析中具有重要意义。

二、盈利能力分析的目的

盈利能力分析的目的是财务分析主体通过分析企业的盈利状况，以达到预期的要求。财务分析的主体不同，则盈利能力分析的目的也会有相应差异。

企业经营管理当局肩负股东委托其管理企业的责任。从企业管理当局的角度来看，衡量其经营业绩和发现其经营中存在问题是进行盈利能力分析的主要目的。企业管理当局的基本任务是通过其努力使企业赚取更多的利润，各项盈利数据一方面反映企业的盈利能力，另一方面也表现着企业管理当局的工作业绩。另外，盈利能力是企业各环节经营活动的具体表现，企业经营的好坏，都会通过盈利能力表现出来。通过对盈利能力进行深入分析，可以发现经营管理中的重大问题，进而采取措施解决问题，提高企业收益水平。

对债权人而言，虽然企业短期偿债能力取决于企业的资产结构状况和变现能力，但是企业流动资产和现金流入量的程度，最终取决于企业的获利规模。因此，盈利能力的强弱直接影响企业的偿债能力。债权人放债时，谨慎审查借债企业的偿债能力，而偿债能力最终取决于盈利能力。因此，分析企业偿债能力对债权人也是非常重要的。企业的股东投资企业的最终目的是获得更多的利润，对于信用相同或相近的几个企业，投资者总是将资金投向盈利能力强的企业。在市场经济条件下，投资者关心企业的盈利能力往往更甚于关心企业的其他经营问题，因为企业盈利能力的增加会提高企业股票的价格，投资者从中将获得股票升值带来的资本收益。投资者分析企业的盈利能力为其投资指明方向。

三、盈利能力分析的内容

盈利能力的分析无论是从企业管理当局，还是从投资者、债权人的角度来看都是财务分析的重点。对企业盈利能力的分析可以通过分析利润额和利润率实现。盈利能力分析主要从利润率的角度分析，虽然利润额的分析可以说明企业财务成果的增减变动状况及其原因，为经营管理指明方向，但利润额受企业规模或投入总量的影响较大。通过利润率分析企业的盈利状况有利于不同规模的企业之间进行比较，能更准确地反映企业的盈利能力和盈利水平，有利于满足各方对财务信息的要求。

四、资本经营盈利能力分析

（一）资本经营盈利能力分析的意义

资本经营盈利能力是指企业的所有者通过投入资本取得利润的能力。企业收入的取得是以一定的资金运用为基础的，企业可运用的资金越多，收入就越多，利润就越多；相反，企业可运用的资金越少，收入就越小，利润就越少。投资者的原始投资构成企业资金来源的基础。从投资者的角度看来，投资者更多地关心其投入资本的保值和增值状况，因此资本盈利能力分析正是站在企业筹资或投资的角度分析企业的盈利状况。

（二）资本经营盈利能力分析的指标

1. 资本金收益率

资本金收益率是指本期净利润与资本金平均余额的比率，又称为资本金利润率。该指标用来衡量企业运用资本金获取收益的能力。资本金收益率越高，表明企业运用资本金获取收益的能力就越强。

2. 净资产收益率

净资产收益率是指本期净利润与净资产平均余额的比率。

（三）资本经营盈利能力分析指标的运用

1. 资本金收益率的运用

一般来说，资本金收益率的分析包括以下几个方面：

第一，以实收资本做分母计算的利润率来反映投资者原始投资的获利能力，更能反映出投资者投资所产生的收益，与投资者的利益紧密相连。

第二，在衡量资本金收益率时，首先，应确定基准资本收益率。基准资本金收益率是指基准利润与实收资本的比值。基准净利润是指企业在一定条件和一定的资本规模下，至少应当实现的净利润总额。实际资本金收益率低于基准资本收益率，就是危险信号，表明企业的获利能力严重不足。基准资本金收益率的确定，应考虑风险费用率，风险越大的行业，风险费用率越高。其次，资本金收益率的分析，除了将报告期实际资本金收益率与基准资本金收益率比较外，还应与上期比较，与计划目标比较，找出差距，分析原因。

2. 净资产收益率

一般来说，净资产收益率分析包括以下几方面：

第一，净资产收益率是评价企业自有资产及其积累获取利润水平的最综合性与代表性的指标，它反映了企业资产营运的综合效益。该指标通用性强，适用范围广，不受行业局限。

第二，一般认为，企业净资产收益率越高，企业自有资本获取收益的能力越强，运营效益越好，对企业投资人、债权人的保证程度就越高。

第三，该指标反映了企业所有者权益的投资报酬率，具有很强的综合性，具体可通过杜邦分析体系进行分析。

五、资产经营盈利能力分析

（一）资产经营盈利能力分析的意义

资产作为企业拥有的或者控制的能够带来未来经济利益的经济资源，在现代企业经营管理中具有举足轻重的地位。企业的资产可以采取多种形式，包括现金、有价证券、应收账款、存货、固定资产、长期投资和无形资产等。企业的微观管理主要是通过对资产的经营管理，以实现企业的生存、发展。企业经营管理资产实现企业发展壮大的能力通过资产经营盈利能力表现出来。

资产经营盈利能力是指企业运营资产产生利润的能力。反映资产经营盈利能力的指标主要是各种资产的盈利率，包括总资产盈利率、其他各类资产的盈利率等。通过企业资产经营盈利能力分析，可以了解企业的资产经营管理效果，分析存在问题，寻求解决问题的途径。

（二）资产经营盈利能力分析的指标

1. 总资产盈利能力分析

总资产盈利能力的大小，用总资产盈利率表示，该指标在盈利能力分析中占有十分重要的位置。其计算公式为：

总资产盈利率＝盈利÷平均总资产

由于盈利可分为息税前利润、息税后利润及税后利润等不同指标，总资产盈利率指标也有不同的形式。但是，总资产作为企业全部拥有或控制的生产，不必考虑资金的来源形式。因此，采用息税前利润作为总资产盈利率指标的分子是比较合理的。息税前利润是排除利息和税收影响的收益，是企业经营中所创造的全部收益，用该指标计算总资产盈利率，可以揭示企业真实的总资产息税前盈利能力，便于同社会平均的或同风险的息税前的资本收益和资本成本比较，判明企业总资产盈利能力的高低。从理论上讲，利息应该包括计入财务费用的费用化利息和计入固定资产原值的资本化利息，因为它们都是属于企业创造利润的一部分。但是，由于我国现行利润表中利息并没有单独列出，而是混在“财务费用”中，这种情形下，外部报表使用者计算息税前利润时，可由下述公式估算：

息税前利润＝利润总额＋财务费用

总资产收益率＝（利润总额＋财务费用）÷平均总资产

总资产盈利率是扣除筹资活动影响的盈利率，反映的是企业资产的真实盈利能力，是企业资产经营效率的表现。因此，它是企业财务分析中最重要的分析指标之一。该指标不仅可作为企业判断负债筹资的最高资金成本标准，而且对投资者和债权人而言，了解该指标也是很有意义的。

2. 其他资产盈利能力分析

将企业盈利与诸如流动资产、固定资产等相比，可以求得不同资产的盈利能力，通常有流动资产盈利率和固定资产盈利率两类指标。

（1）流动资产盈利率。

无论是从总资产角度还是从其他各项资产的角度看，采用息税前收益作为盈利率指标的分子是比较合理的。

流动资产盈利率＝（利润总额＋利息支出）÷流动资产平均余额

上述指标表明企业流动资产投入与盈利产出的关系。一般而言，该指标比率越高越好。用该指标与企业历史指标、行业平均水平相比较，可以看出企业流动资产盈利能力的高低和流动资产的使用效率。

（2）固定资产盈利率。

该指标继续采用息税前收益作为分子，分母则采用固定资产的净值。

固定资产盈利率＝（利润总额＋利息支出）÷固定资产净值平均余额×100％

上述指标表明企业固定资产投入与盈利产出的关系。一般而言，该指标比率越高越好。同样，用该指标与企业历史指标、行业平均水平相比较，可以看出固定资产盈利能力的高低和固定资产的使用效率。

第五节　财务综合分析

一、财务综合分析的作用

财务指标分析从盈利能力、偿债能力、营运能力及增长能力角度对企业的筹资活动、投资活动、经营活动及分配活动状况进行了深入、细致的分析，对企业投资者、债权人、政府、经营者及其他与企业利益相关者了解企业的财务状况与财务成效，判断企业在某一方面的状况与业绩是十分有益的。但是，前述财务分析通常是从某一角度或某一方面来深入分析研究企业的财务状况与财务成效，很难对企业财务总体状况和业绩的关联性及水平得出综合结论。为解决这一问题，有必要在经济活动分析和财务能力单项分析的基础上进行财务综合分析。财务综合分析的作用在于：

第一，财务综合分析可明确企业盈利能力、营运能力、偿债能力及发展能力之间的相互联系，找出制约企业发展的“瓶颈”所在。

第二，财务综合分析是财务综合评价的基础，通过财务综合分析有利于综合评价企业经营业绩，明确企业的经营水平及其在行业中的地位。

二、财务综合分析的内容

为实现上述财务综合分析的目的，财务综合分析应从以下几方面进行：

（一）筹资活动与投资活动适应情况综合分析

企业筹资活动与投资活动是紧密相连的，筹资的目的在于投资。由于企业筹资渠道不同，筹资成本、筹资风险、筹资期限都可能不同；同时，资本投资于不同资产的收益、回收期等也不同。因此，筹资结构与投资结构是否适应就成为财务分析的重要内容。通过两者适应情况分析，可判断企业的筹资与投资结构类型，分析其与企业经营周期和经营状况的适应程度。

（二）现金流量综合分析

现代理财将现金流量放在比利润更重要的位置，认为现金流量能反映比利润更广泛、更可靠的信息。因此，分析筹资活动产生的现金流量、投资活动产生的现金流量和经营活动产生的现金流量就成为当代财务分析的重要内容。同时，现金流量，特别是经营现金净流量与利润是紧密相关的。通过对经营现金净流量与利润的综合分析，一方面可揭示现金净流量变动的原因，另一方面可揭示企业利润的质量，这对促使企业重视利润质量、正确处理眼前利益与长远利益的关系是非常有益的。

（三）增长能力、盈利能力、营运能力、偿债能力综合分析

企业财务管理的目标包括企业利润最大化、股东财富最大化、企业价值最大化、企业资本增值最大化等。资本增值最大化离不开企业的持续增长，而持续增长必须以盈利能力为基础，盈利能力又受到营运能力和财务杠杆等的影响[①]。因此，将企业的增长能力、盈利能力、营运能力和偿债能力进行综合分析是十分必要的。它可相互联系地揭示企业各项能力，找出在某方面存在的问题。杜邦财务分析体系是进行这一分析的最基本方法。

① 汪菲．企业智慧财务管理体系的构建与实践研究［J］．商场现代化，2022，981（24）．

参考文献

[1] 齐平茹．会计学［M］．长春：吉林大学出版社，2003.
[2] 刘威．会计学［M］．上海：同济大学出版社，2004.
[3] 刘开瑞．会计学［M］．西安：西北大学出版社，2015.
[4] 张云，仲伟冰．会计学［M］．上海：上海财经大学出版社，2016.
[5] 周亚荣，田娟．会计学［M］．武汉：武汉大学出版社，2017.
[6] 韦绪任．财务管理［M］．北京：北京理工大学出版社，2018.
[7] 陈信元．会计学［M］．上海：上海财经大学出版社，2018.
[8] 沈明．会计学［M］．北京：北京理工大学出版社，2018.
[9] 王培，高祥，郑楠．财务管理［M］．北京：北京理工大学出版社，2018.
[10] 刘静，徐莉，欧阳春．财务管理［M］．南昌：江西高校出版社，2018.
[11] 赵美荣．会计学［M］．成都：电子科技大学出版社，2020.
[12] 段顺玲，李灿芳，纪琳娜．财务管理［M］．北京：北京理工大学出版社，2020.
[13] 邹娅玲，肖梅崚．财务管理［M］．重庆：重庆大学出版社，2021.
[14] 马勇，肖超栏．财务管理［M］．北京：北京理工大学出版社，2021.
[15] 张德富．关于外语经济学研究范畴的探讨［J］．经济研究导刊，2010（20）．
[16] 田春生．论“新比较经济学”的研究与创新——读张仁德教授专著《新比较经济学再研究与构建》［J］．经济社会体制比较，2012（5）．
[17] 刘燕，王雨．会计理论发展及经济学对其影响之研究［J］．消费导刊，2016（11）．
[18] 钱婷婷．产业经济学的理论地位与应用性质研究［J］．商情，2019（41）．
[19] 雷芳．会计内部控制在企业财务管理中的应用探讨［J］．时代金融，2021（02）．
[20] 孙镜雅．关于企业财务管理内部控制要点的思考［J］．现代商业，2022（10）．
[21] 张真．加强企业财务管理和提高企业经济效益分析［J］．全国流通经济，2022，2340（36）．
[22] 付阿琴．论如何提高企业财务管理和防范风险的能力［J］．全国流通经济，2022，2340（36）．
[23] 曹国勇．企业财务管理中税收筹划的运用探思［J］．商场现代化，2022，981（24）．
[24] 邓志华．企业内部审计与财务管理协同助力高质量发展［J］．商场现代化，2022，981（24）．
[25] 陈玉婵，陈莞坚，吕彦花等．数字经济时代的企业财务管理转型研究［J］．商展

经济，2022，70（24）.
[26] 臧春玲. 大数据环境下企业财务管理信息建设分析［J］. 中国产经，2022，304（24）.
[27] 杨晶. 新会计制度下事业单位财务管理的现状与对策［J］. 中国产经，2022，304（24）.
[28] 杨晓英. 中小企业完善财务管理机构设置的对策探讨［J］. 企业改革与管理，2022，437（24）.
[29] 贺玉广. 大数据时代下化工企业财务管理信息化建设［J］. 财富时代，2022，211（12）.
[30] 吕彦花. 业财融合在企业财务管理中的应用［J］. 商场现代化，2022，981（24）.
[31] 汪菲. 企业智慧财务管理体系的构建与实践研究［J］. 商场现代化，2022，981（24）.
[32] 朱施华. 知识经济时代企业财务管理要转变思路［J］. 中国商界，2023，365（04）.
[33] 朱隽先. 全面预算管理在企业财务管理中的应用研究［J］. 财会学习，2023，364（11）.
[34] 于恒懿. 国有企业财务管理信息化改革探究［J］. 财会学习，2023，364（11）.
[35] 闫斐斐. 基于财务共享服务中心的建筑企业财务管理分析［J］. 财会学习，2023，364（11）.
[36] 贾锋. 企业财务管理中业财融合研究［J］. 中国集体经济，2023，740（12）.
[37] 李社霞. 大数据时代高校财务管理信息化建设分析［J］. 老字号品牌营销，2023（08）.
[38] 程影. 加强煤炭企业财务管理的有效措施［J］. 中国集体经济，2023，741（13）.
[39] 王芹. 财务管理实践对企业绩效的影响［J］. 财会学习，2023，365（12）.
[40] 李正超. 基于内部控制视角下的乡镇财务管理制度健全思考［J］. 时代经贸，2023，20（04）.
[41] 迟铮. 财务管理实践基地建设与运行研究——基于“政产学研用”的视角［J］. 对外经贸，2023，346（04）.